도올의 중국일기

제2권

고구려패러다임

Doh-ol's Diary in China Vol.2

The Vindication of the Goguryeo Paradigm

통나무

안도安圖에서 무송撫松 가는 길목에 있는 동청東淸이라는 작은 마을에서. 황소가 옥수수 줄기를 먹고 있다. 그 모습이 고구려 벽화에 그려져 있는 소를 연상케 한다(평남 대안시 덕흥리 고분벽화).

동청은 백두산맥줄기에 있으며 고동하古洞河가 흐르고 있다. 고동하에서 바라본 백두산맥줄기. 비가 내려 서기가 서렸다. 이 동청이라는 곳은 발해의 교통요지이기도 했다.

10월 2일, 목요일. 하루 종일 비내리다

일부
도서관
앞에서
우리를
기다리는
뻐스

아침 6시, 우리 뻐스는 우중에 연길을 출발했다. 물론 아침을 먹지 못했다. 뻐스는 그래도 새차에 속하는 편이었고, 운전사 또한 매우 신중한 장년이다. 방원장과 방원장을 보조하는, 한국철학 전공의 2011 대학원생 오미나 吳美娜가 탔다. 운전사까지 합쳐서 16명이 일행이니, 뻐스 안은 널널했다. 나는 내심 비가 내리는 것을 너무도 감사하게 생각했다. 최근 너무 가물었기 때문에 농부들에게는 해갈의 기쁨을 가져다주는 비였다. 하루 종일 뻐스만 타는 오늘 비가 죽죽 내리면, 막상 답사가 시작되는 내일부터는 날씨가 활짝 개일 공산이 클 뿐만 아니라, 너무도 신선한 영상이미지를 얻을 수 있을 것이다.

우리나라 지도를 걸어 놓고 보면 두만강 제일 꼭대기 부분에 연길이 있다.

연길시 교외로 10분만 나와도 이런 아름다운 곡창지대의 풍경이 펼쳐진다. 수도작의 논에 황금물결이 굽이친다. 저 멀리 마을에서는 밥짓는 연기가 굴뚝에서 피어오르고 있다. 아침 6시경.

그 다음으로 툭 튀져나온 곳이 백두산이고 그 다음으로 툭 튀져나온 곳에 중국의 임강시臨江市가 있다(맞은 편에 우리나라 중강中江이 있다). 그곳에서 다시 압록강하구 단동—신의주로 내려가는 중간쯤에 환인—집안이 있다. 그러니까 우리 여행길은 우리나라 최북단의 국경을 주욱 홅어내려가는 노정이다. 15시간은 족히 걸릴 것이라 했다.

지도를 놓고 방원장과 여행코스를 얘기하고 있다.

우리의 뻐스는 먼저 안도安圖로 갔다. 안도에 도착한 것이 아침 7시 반이었다. 안도 명월구明月溝 회의에서 항일유격대원 소부대장이었던 20대초의 김일성은 중국공산당 체제 속에서 주요한 위치를 차지했다. 나는 명월구회의장소를 찾는 것이 아니라 아침을 해결할 민생해방구를 찾는 것이 중요했다. 대명절이기 때문에 대부분의 음식점이 문을 닫은 것이다. 안도 중심거리에서 사람들이 들어가는 허술한 집을 하나 발견했다. 소정우육탕小程牛肉湯이라는 곳이었는데, 아마도 주인이 정씨程氏일 것이다. 정씨 하면 내 머리 속에선 정이천程伊川, 1033~1107 형제가 떠오른다.

처음에 들어갔더니 일행들이 먹기를 꺼려한다. 사실 중국에서는 "소고기"라는 것은 먹을 것 못된다. 우리가 생각하는 소고기는 근원적으로 존재하지 않기 때문이다. 대부분 소고기는 "수우水牛"라고 하는 검은 물소계열이고,

안도시내에서 발견한 정씨네 소탕집. 의외로 맛있는 훌륭한 한국식 국밥집이었다.
안도만 해도 자치주래서 간판에 한국말−중국말이 병기되어 있다.

이곳은 안도현安圖縣의 인민정부가 있는 명월진明月鎭이라는 곳이다. 연길에서 동북방으로 멀지 않은 곳에 위치하고 있다. 김일성은 1931년 중국공산당에 가입하였고 이 지역 농민들과 추수투쟁을 하면서 무장투쟁에 대한 확신을 얻는다. 1931년 12월 중순경 명월구에서 공청간부회의를 열었는데 이 회의에 모인 40여 명의 청년투사야말로 항일을 위한 김일성유격대의 출발이었다.

여기 "생명지원"이라고 쓰여진 상징물의 뒷켠으로 거대한 식수원호수의 댐이 있다. 그 댐둑에는 "명월호明月湖"라는 글씨가 모자이크 되어있다. 1932년 4월 25일 아침, 김일성은 이 지역에서 반일인민유격대의 창건식을 갖는다. 그후 왕청유격대와 합병한 후 왕청유격대대정위汪淸遊擊大隊政委가 된다. 그리고 곧 동북인민혁명군 제2군 제3단정위가 되면서, 동북의 한 투사 리더로서 서서히 두각을 드러내기 시작한다.

도올의 중국일기_2

안도에서 동청으로 가는 길, 뻐스 안에서 찍은 화려한 단풍.
백두산 주변에서 연해주에 걸쳐 자작나무숲이 우거져있다.

고기가 질기다. 중국인들은 돼지고기나 양고기, 닭고기를 먹는다. 소고기 요리는 특수한 가공을 거쳐야 한다. 우리가 들어간 곳은 소머리국밥집이었는데, 중국에서 보기 힘든 소고기탕집이었다. 그런데 미원같은 첨가제를 넣지 않아줄 수 있냐고 하니깐 자기는 일체 그런 것을 사용하지 않는다고 하면서 탁자위를 가르켰다. 미원이 따로 담겨져 있었다. 그런데 탕이 나왔는데 놀라웁게 맛있었다. 밥을 말은 맑은 탕은 중국에서는 만나기 어려운 것이다. 그런데 일체 고기비린내 같은 것이 나질 않았다. 소금과 파 썬 것과 고추가루, 후추가루를 넣으니 천하일품이었다. 안먹겠다던 사람들이 모두 한 그릇씩 다 먹었다. 몸이 후끈해졌다.

안도에서 돈화敦化로 가지 않고 바로 백두산 이도백하쪽으로 꺾어져 내려갔다. 백두산 준령과 연결되는 장쾌한 산맥의 모습들이 짙은 운무속에 너무도 화려한 단풍색조를 과시한다. 사진을 찍고 싶어 뻐스를 세우려해도 세울 수가 없었다. 길이 너무 좁아 정차할 구역이 없기 때문이다. 똥칭東淸의 탕하촌湯河村이라는 곳에서 뻐스를 세워 사진을 찍었다. 소와 닭이 우중에도 함께 옥수수를 먹고 있는 모습이 너무도 한가롭다. 후우얼허富爾河로 흘러들어 가는 고동하古洞河 다리 밑에서 사진을 찍었다. 주변에 목단령牡丹嶺이니 영액령英額嶺이니 하는 백두산맥 북쪽 줄기들이 있다. 나의 카메라의 위력을 처음 실험해 보았다.

12시 40분에 무송撫松에 도착했다. 점심먹을 곳을 찾았다. 무송시내에서 운전수가 헤맨다. 그런데 내가 시내로 막 진입하는데 "무송외국어학교撫松外國語學校"라고 큰 운동장이 있는 학교건물이 있었고 그 후면에 먹을 만한 곳이 있음직한 곳을 보아 두었다. 여행하다 보면 음식점을 찾는 나의 육감은 놀라웁게 적확하다. 싸고 맛있는 곳을 꼭 골라내는 것이다. 그런데 운전사는

다리 위에서 보이는 동청東淸 탕하촌湯河村의 소박한 모습

탕하촌의 삼향3호교蔘鄕三號橋 다리 위에서 찍은 고동하의 모습. 고동하는 발해국과 당나라를 왕래하는 교통요지였다. 동청고동하에서 영흥永興, 소사하小沙河, 송강松江을 거쳐 무송으로, 무송에서 임강진臨江鎭을 거쳐 압록강을 타고 내려가 요동으로 나아가 등주쯒州를 거쳐 장안까지 가는 것으로 되어있다.

10월 2일

큰 차를 되돌리기 구찮으니깐 계속 투정을 한다. 나는 단호하게 차를 돌리라고 했다. 그리고 외국어학교 후문쪽에서 겉은 초라하지만 먹을 만한 곳을 발견했다. 중국도 요즈음 한국을 모방해서 "외국어학교"가 유행인 모양이다. 하여튼 상층부 학생들이 다니는 외국어학교 후문쪽이면 그렇게 후진 동네는 아닐 것이다.

그런데 중국시골에서는 오히려 좋은 음식점 찾기가 어렵지 않다. 음식은 모두 대도시에서 타락했다. 음식의 저질성은 인공적 맛의 장난을 너무 심하게 친다는데 있다. 그런데 시골에서는 그런 장난을 칠 이유가 없다. 가공의 과정이 없는 것이다. 그리고 시골에서는 일가족이 단란하게 주방을 관리하는 상황이 많다. 그리고 손님인 내가 주방에 들어가 직접 요리만드는 방식을 지시할 수 있다. 그들은 아무런 배타적 자세를 취하지 않는다. 외부손님이 주방에까지 들어와 자세하고 친근하게 물어보는 것을 기뻐한다. 그리고 중국요리는 기본적으로 기름에 차오炒 하는 것이다. 그래서 위생상의 문제가 별로 발생하지 않는다. 관리가 잘못된 한국의 "무친 음식," "날 음식," "발효 음식"의 불결이나 부패가 존재하지 않는다. 그릇만 깨끗이 씻으면 무균의 음식이 된다. 문제는 조미료에 있는데, 시골주방에서는 사용하지 말라고 당부하면 사용하지 않는다. 간장이나 소금, 기타 향료로 충분히 맛을 낼 수 있다.

요즈음은 재료가 되는 식품자료를 접시에 담아 랩으로 싸놓고 그것을 손으로 가리키기만 하면 바로 음식으로 만들어 준다. 메뉴를 보면서 골머리를 썩힐 필요가 없는 것이다. 차오炒하는 방식만 지시하면 된다. 16명이 먹으면 16개이상의 요리를 주문해도 그리 과하지 않다. 별로 비싸지 않으면서도 실로 다양한 요리를 먹을 수 있다. 한국의 한국식 중국집은 최상의 호텔급이라도 중국 시골의 웬만한 요리집보다 실상 더 저등한 요리집이다. 제약이 많고

빈곤하고 맛이 자유롭지 못하다. 그리고 터무니없이 비싸다. 사람들이 중국을 잘 몰라서 중국의 좋은 점을 잘 활용할 줄 모른다. 중국의 시골이나 소도시는 자연음식의 천국이다. 나는 EBS독립운동사 10부작을 찍을 때 배탈 한번 안나고 촬영단원들과 함께 최상의 요리들을 만끽했다. 요번에도 나와같이 여행한 사람들은 나의 축적된 노우하우 덕을 단단히 입었다. (EBS『도올이 본 한국독립운동사 10부작』은 한국의 독립운동사를 총체적으로 전관한 다큐멘터리로서 가장많은 시청률을 얻었고, 지금도 인터넷에 올라있어 엄청난 인구가 계속 보고있다. 그런데 나에게 계속 후회가 되는 회한거리가 하나 남아있다. 그것은 내가 구한말로부터 8·15까지 반세기의 우리민족의 투쟁을 "독립운동"이라 규정한 것은 근원적인 인식이 못미친데서 생긴 명명의 오류라 할 수 있다. 나는 그냥 통용되고 있는 상념을 표출한 것이다. 일례를 들면 "3·1운동"이라는 표현은 극심한 왜곡을 내포하고 있다는 것을 인지하지 못했던 것이다. 운동은 영어로 "movement"인데, 모든 사소한 움직임에까지 다 적용될 수있는 가장 저차원의 무색투명한 표현이다. "3·1운동"만 해도 그것은 무기력한 단순한운동이 아니라, 목숨을 건 민중의 "항쟁"이었다. 최소한 "3·1운동"은 "3·1독립항쟁"이상의 강도 높은 표현이 적합하다. "독립운동"이라는 표현도, "새마을운동," "쥐잡기운동," "둘만낳기운동"과 같이 체제 내의 운동과 연속적 의미를 갖는 것으로 이해되기 쉽고, 그러한 용례에 의하여 무의식적으로 세뇌되기 마련이다. 조선의 독립창의는 그러한 체제내의 운동이 아니라 국가 대 국가의 문제이며, 외세침략에 대한 거국적 항거이다. "독립운동사"라는 표현보다는 "독립전쟁사"라는 표현이 훨씬 더 그 역사의 흐름을 정확히 규정하는 것이다. 안중근의 저격도 암살이 아닌 전쟁의 선포였으며, 의열단의 활동도 전쟁의 효율적 수행방법으로서 그 정당성을 확보하는 것이다. 나는 『도올이 본 한국독립운동사』는 『도올이 본 한국독립전쟁사』로서 새롭게 이름지어져야 한다고 생각한다. 원작의 명칭을 이제 와서 고칠 수는 없다 해도 이제부터라도 방편상 『한국독립전쟁사』로 부르는 것이 옳다고 생각한다. 지금 이 시각부터 내 인생에 "독립운동"은 존재하지 않는다. 그것은 "독립전쟁"이다. 내가 지금 이런 회한을 토로하는 것은, 바로 지금부터 전개될고구려기행이야말로 우리의 "인식의 전환"이라는 문제와 직결되어 있기 때문이다).

문제는 술인데, 중국의 술은 50°이상이 되면 다 믿을만한 명주이다. 중국의 술은 먹고 탈나는 적이 거의 없다. 소위 우리가 "빽알"이라고 하는 것은 예로부터 "빠이깐알白乾兒"(수분이 없어 확 마른다는 뜻에서 생긴 말)이라는 말이 줄어 우리말화 된 것인데, 지금 중국에서는 보통 "빠이지우白酒"라고 한다. "빠이지우白酒"는 모두 뒤끝이 깨끗하다. 그런데 술도 시골의 지방술이 더 믿음직하다. 같은 술이라도 우리가 아는 마오타이茅台니 우리앙예五粮液니하는 고급브랜드는 1천위앤을 훌쩍 넘어간다. 그런데 그런 술은 가짜가 많다. 50°이상의 이름없는 지방술로서 한 60위앤정도(그러니까 우리돈 1만원 정도이다)하는 것이면 대체로 좋은 술이다. 싼 술은 가짜가 없다.

우리가 들어간 곳이 "이멍산차오지띠엔沂蒙山炒鷄店"이란 허름한 식당이었

이멍산 주인남자와 함께 음식을 고르고 있다. 무송에는 인삼이 많이 재배되고 있어서 술도 인삼술의 종류가 많이 있다.

는데 입구에 "오량순五粮醇"이라는 술병이 눈에 띄었다. 술은 먹지 않기로 했던 것이다. 그런데 후즈닷컴 멤버중에 술을 사랑하는 자들이 몇 명있다. 그들도 이제 나이가 손주를 볼 만큼 먹었지만 내 허가 없이는 술을 먹지 않는다. 그러나 오늘은 비가 구중중하게 내린다. 그리고 낮술을 먹으면 뻐스안에서 푹 잘 수도 있다. 게다가 음식의 퀄리티가 최상이다. 때마침 좋은 술이 눈에 띄었다.

"우리앙예五粮液"는 1500위앤은 족히 하지만 "우리앙츠운五粮醇"은 무송撫松지역 술이었는데 60위앤밖에 하지 않는다. 그런데 아주 고급 도자기에 완전 밀봉되어 있었다. 마개를 열었을 때 한국에서 먹는 우리앙예보다 훨씬 더 순결한 술이라는 생각이 들었다. "우리앙"은 별개 아니다. 다섯가지 곡식일 뿐이다(오량이란 고량高粱, 대미大米, 나미糯米, 소맥小麥, 옥미玉米를 가리킨다. 우리말로 하면 수수, 쌀, 찹쌀, 보리, 옥수수이다). 오량액보다 오량순이 더 맛이 진하면서도 향기가 문자 그대로 더 순화되어 있었다.

무송은 김일성의 아버지 김형직金亨稷이 살던 곳이다. 김일성은 이곳에서 무송제일소학교를 다녔다. 그러나 오래 머물지 못했다. 김형직이 타계했기 때문이다. 김형직은 아들 김일성군을 손정도孫禎道 목사와 만주벌 호랑이 오동진吳東振에게 부탁한다. 김일성은 길림吉林의 육문중학교毓文中學校로 간다. 김일성을 길림에서 키운 사람이 기독교 목사라는 사실, 김일성의 첫사랑이 손목사의 어여쁜 따님이었다는 사실을 알면 한국의 기독교인들은 어떻게 생각할 것인가?

나는 오량순을 허락했다. 나는 건배를 했다. 무송에서 할 수 있는 건배사는

내가 2005년 5월 독립전쟁사를 찍을 때 촬영했던 무송撫松 지역 한 촌락의 모습. 그 정경이 도저히 오늘 우리나라에서는 느낄 수 없는 원시적 깊이가 있다. 이 물길은 백두산에서 흘러내려오는 물길인데 송화강의 한 지류이다. 도시를 지나는데도 내가 어렸을 때 놀았던 냇가처럼 물이 맑았다.

소사하로 가는 길목에 있는 마을

많은 조선의 뜻있는 청년들이 유격활동을 벌인 고동하 한 줄기
항일유격활동은 김일성뿐만 아니라 당시 지사들의 보편적 당위였다

김일성의 생애를 논할 때 빼놓을 수 없는 곳이 소
사하小沙河라는 곳이다. 소사하는 현재 안도현에
속하는데 동청에서 멀지 않은 곳에 있다. 소사하
에는 그의 모친 강반석이 살고 있었다. 김일성이
항일유격대를 조직하여 활동하게 된 것은 후술하
겠지만 바로 장학량이 부저항장군이 되어 동북을
일본지배하에 넘긴 9·18사변과 관련이 있다. 김
일성의 유격활동이라는 것은 실제로 소사하 주변
에서 많이 이루어졌다. 그가 1932년 4월 25일 반일
인민유격대의 창건식을 거행한 곳도 소사하 토기
점골이었다. 이 때 모친 강반석도 병든 몸을 이끌고
이 창건식에 참석하였다. 그러나 김일성이 그 해
겨울 소사하 엄마집을 찾아갔을 때 이미 강반석
은 고인이 되었다(1932년 7월 31일 별세). 강반석은
강베드로라는 기독교 세례명이다.

김일성은 1927년에서 1930년까지 햇수로 4년동안 길림 육문 중학교에서 공부를 하였다. 오동진, 손정도의 도움을 받아 육 문중학교에서 기숙사생활을 하였다. 육문중학교는 당시 장작 상張作相의 지원하에 상당히 진보적인 성향의 교육방침으로 학 생들을 잘 양육하고 있었다. 김일성은 육문중학교 생활을 통 해 엘리트로서의 교육을 받았고 또 강렬한 항일의식을 갖게 되 었다. 이 학교에 재학 중에 도산 안창호선생의 시국대강연을 들었는데(1927년 2월) 그 때 그 현장에서 김일성이 무장투쟁 론으로 안창호의 애국계몽사상을 반박한 질문을 했다.

도올의 중국일기 2

김일성이 다닌 육문중학교는 바로 이 송화강 강변에 위치하고 있다. 재학시 그에게 가장 심원한 영향을 끼친 사람은 상월尙越, 1902~82이었다. 상씨는 하남 나산현羅山縣의 대족이었다. 하남 성립제2중학교를 나와 북경대학 영문과를 졸업한 수재였는데 1929년 2월에 육문중학교 어문교원으로 부임하여 왔다. 상월은 김일성에게 "이념"보다 진보적인 "세계관"에 대한 교육을 베풀었고, 방대한 소설지식을 통해 세상을 보는 법을 가르쳐 주었다. 상월은 보수파 교원들의 반대로 결국 한 해를 못 채우고 떠나갔지만 김일성의 상월 선생에 대한 고마움과 존경은 평생 유지되었다. 상월은 중국 인민대학 역사과 교수로서 많은 제자를 길렀다. 상월은 말한다: "사가가 할 일은 역사발전의 방향을 통찰하는 것이다. 사가가 투쟁해야 할 것은 일시의 시비가 아니라, 만세의 시비이며, 추구해야 할 것은 일시의 흥망이 아닌 객관적 진리이다."

이것은 길림시에 남아있는, 손정도 목사가 시무한 교회당이다. 2005년 내가 방문했을 때도 돌보는 사람 없이 거의 버려져 있었는데 지금 남아있는지도 모르겠다. 손정도 목사는 김일성의 아버지 김형직과 같이 평양숭실학교를 다녔는데, 테라우찌 총독의 암살모의에도 가담하였고, 3·1독립항쟁에 적극 참여한다. 상해로 망명하여 임시정부를 세우는데 공헌하였고 상해임시정부 의정원 의장이 되었다. 그는 김구, 여운형과 함께 한국노병회韓國勞兵會를 조직하기도 하였는데 노병회가 해체되고 파벌투쟁이 심해지자 길림으로 자리를 옮겨 이 예배당 하나 열어놓고 독립전쟁을 계속하였다. 손정도의 딸 손인실은 김일성의 첫 로맨스였다. 그의 아들 손원일은 대한민국 초대 해군참모총장이다.

약산 김원봉은 신흥무관학교의 학업으로는 나라를 구원하기가 요원하다고 생각했다. 12명의 동지들과 의열단을 결성한 곳이 바로 길림이었다. 길림 파호문 밖 중국인 반씨潘氏집에서 모여 결사조직을 만들고 공포한 것이 1919년 11월 10일 새벽이다. 약산이 의백義伯으로 선출되었는데 그때 그의 나이 스물두 살이었다. 지금 내가 서있는 곳이 바로 그 반씨집 부근 길이다. 그 공약10조의 제1조는 다음과 같다: "천하의 정의正義의 사事를 맹렬猛烈히 실천하기로 함." 의열단을 위하여 쓴 신채호의 『조선혁명선언』은 다음과 같다: "강도 일본이 우리의 국호를 없이 하며, 우리의 정권을 빼앗으며, 우리의 생존의 필요조건을 다 박탈하였다 … 우리 2천만 민중은 하나가 되어 폭력파괴의 길로 나아갈지니라. 민중은 우리 혁명의 대본영이다. 폭력은 우리 혁명의 유일한 무기이다."

무엇일까? "남과 북이 하나되는 그 날을 위하여." 전원이 "지성무식至誠無息"을 세번 외쳤다. 그리고 원형의 큰 유리판에 잔을 쳤다. 대륙을 진동시키는 독립군의 말발굽 소리처럼.

어떠한 역사의 전환이든지 간에 일단 그 전환점을 편견없이 이해하는 아량이 없으면 역사는 새로운 방향을 잡아 건설적 방향으로 풀려나갈 길이 없다. 우리 민족끼리 서로 헐뜯다가 열강의 잇속만 배불리는 제물이 되고 마는 그런 역사를 언제까지 되풀이 할 것인가? 북은 남을 위해 축배를 들고, 남은 북을 위해 축배를 들자! 이날 점심에 오량순이 3병 뜯겼다. 그리고 음식도 진탕 먹었다. 생각보다 가격이 비싸게 나왔지만 900위앤 이하로 해결되었다. 16명이서 그렇게 실컷 먹고 마시고 한 15만원 정도의 가격으로 충분히 해결된 것이다. 중국은 이 정도의 선을 넘어가면 안된다. 더 이상 발전하면 국가가 경쟁력을 잃는다. 이 내 외침을 시 진핑주석께서 듣고 계실 손가?

황혼에 "백산白山"을 지나갔다. 백산은 대도시인데, 괴이한 굴뚝이 4개나 있었다. 나는 진실로 그 거대함에 충격을 받았다. 그 거대한 모습만 보아도 지구를 삼키려는 괴물이 아가리를 벌리고 있는 형상이었다. 아무 생각없이 그 광경을 바라보고 있었는데 문득 생각이 드는 것이다. 사람들이 빽빽하게 살고 있는 대도시 한복판에 그토록 거대한 물체가 4개가 있다는 것은 진실로 뭔가 위압감을 주는 사태였다. 매사에 이론이 많은 임군이 외쳤다.

"원자력발전소다!"

이때 물리학자인 최무영이 화두를 던졌다.

"원자력발전소라고 하면 안돼요. 핵발전소라고 해야 맞지요."

여러 방면의 전문가들이 함께 여행하다 보면 진실로 이런 예기치 않은 대화가 재미있다. 그리고 이럴 때 제대로 사물을 인식하고 배울 수 있는 것이다.

"허허 참 그거 재미난 얘기군. 두 말이 어떻게 다른지 좀 설명해줄 수 있겠나?"

"원자력발전소는 원자력을 이용한 발전이라는 뜻이 되는데 그것은 틀린 말이지요. 영어로 원자력을 '아토믹 포스atomic force'라고 하는데 이것은 핵과 그 주변을 도는 전자들 사이에 존재하는 힘, 혹은 원자와 원자사이에 존재하는 힘이지요. 이것은 전기힘인데 약한 것이죠. 우리가 특별히 쓸 일이 없는 힘이죠. 지금 우리가 저런 발전에 활용하는 힘은 핵력, 즉 '뉴클리어 포스 nuclear force'라는 것이죠. 핵력이란 핵을 구성하는 양성자와 중성자가 서로서로 엉켜있는 너무도 강한 힘, 그것을 활용하는 것이죠. 원자를 잠실 축구운동장에 비유하면 핵은 그 가운데 있는 사과 정도의 크기에요. 그 사과 속에 있는 힘이지요."

"그럼 원자력발전소라 하지 말고 핵력발전소라 하면 되겠네. 그런데 왜 굳이 원자력발전소라 말하는가?"

"업자들의 농간이 있는 것이죠. 원자력발전소가 핵력발전소보다는 좀 부드럽게 들리거든요. 원전을 핵전이라고 말하면 곧바로 핵폭탄을 연상하겠지요. 그래서 계속 원자력발전소라고 말하는 것이죠. 그런데 실상 핵발전과 핵폭탄은 똑같은 거에요. 핵폭탄은 빨리 일시에 터지는 것이고 핵발전은 서서히 분열이 일어나는 것일 뿐이죠. 히로시마에 떨어진 핵폭탄을 서서히 문명에 써먹자는 발상일 뿐이죠."

백산에 있는 화력발전소. 냉각탑의 구조가 화력 치고는
너무도 거대하다. 그래서 우리에게 대화의 거리를 제공한
셈이다. 백산시의 다른 켠에 두 개의 냉각탑이 더 있었다.

10월 2일

"거참 위험한 발상이군! 그런데 핵분열이라는게 도대체 뭔가? 어떻게 짤라서 어떻게 그 힘을 활용하는 것인가?"

"핵분열의 원리를 간단히 설명하자면 아인슈타인의 상대성이론으로 설명되는 것이죠. $E=mc^2$이라는 공식에 있어서, 에너지(E)와 질량(m)은 같다는 것이죠. 그러니까 상대성이론은 곧 에너지와 질량은 같다는 것을 주장한 이론인 셈이죠. 핵에다가 중성자를 쏘면 그 결합력에 불균형이 발생하고 불안해지면서 분열이 일어납니다. 이 때 질량이 약간 줄어드는 것이죠. 질량이 없어지면 c^2(빛속도의 제곱) 값이 워낙 크니깐 엄청난 에너지가 발생하는 것이죠."

"그런데 그렇게 나오는 에너지를 어떻게 활용하는가? 어떤 방식으로 전기화 하는가 말야?"

"결국 그 에너지로 물을 끓이는 것입니다. 그 끓인 물이 수증기가 되면 그 수증기로 터빈을 돌려서 전기를 발생시키는 것입니다. 그러니까 핵발전소라고 해도 그 기본발상은 아주 원시적인 것입니다. 결국 수증기로 터빈돌리는 것 밖에는 아무것도 없어요. 화력발전소나 수력발전소나 핵발전소나 그 원리는 동일한 것이죠. 에너지를 얻는 방식이 다를 뿐이죠."

"저 거대한 아궁이로 뿜어져 나오는게 무엇인가?"

"김이죠. 핵반응로가 너무 뜨거우면 안되니깐 물로 계속 식히는 것이죠. 그래서 저렇게 아구리가 크고 계속 김이 나오는 거에요."

"그런데 왜 저렇게 불안한 전기생산방식을 고집하는 것이지? 핵력발전이 제일 값이 싸다는게 맞는 얘기인가?"(※나중에 조사해보고 안 것인데 백산白山에서 우리가 본 발전소는 핵발전소가 아니었다. 그것은 화력발전소였다. 그러나 핵발전소에 관한 논의는 이와 무관하게 유효한 것이므로, 여기에 그냥 실어놓는다. 단지 백산과는 무관한 논의로 이해해주었으면 한다).

"그것도 업자들의 농간이죠. 아니 업자들과 결탁한 과학·기술계, 그 과학·기술계와 결탁한 정치권력, 그 정치권력의 세계질서 지배방식, 이런 것들이 유기적으로 결합하여 핵전의 신화를 만들고 있는 것이죠. 핵전이 어떠한 전기발생방식보다 가장 값이 비쌉니다. 가장 비효율적인 방식을 택하고 있는 것이죠. 핵쓰레기 처리까지를 포함, 후쿠시마와 같은 비상사태에 드는 비용까지를 계산하면, 그 비용은 수천배 비싼셈이죠. 그런데 일단 그런 방식으로 돈을 버는 자들이 있으니간 그 관성체계는 아무도 스톱을 못시키고 있을 뿐이죠."

"그런데 그 핵전의 소재라는 우라늄도 분명 매장되어 있는 자연광석이고 매장량에도 한계가 있을텐데 그건 무궁무진하게 있는 것인가? 그렇게 마구 핵전을 지어도 되는 것일까?"
"우라늄은 아프리카 남부와 러시아에 집중되어 있다고는 합니다만 그 매장량에 관해서는 추론일 뿐, 정확한 근거가 없습니다. 그러나 현재 상태로 아주 넉넉히 잡아서 한 100년 정도는 쓸 것이 있다고 추정하는 것이죠. 그러나 실상, 매장량보다 더 심각한 문제가 많습니다."

"무엇이 문제인가?"
"우라늄은 땅에서 캔다고 해도 우리가 실제로 핵발전에 쓸 수 있는 우라늄은 그중 1%도 채 되질 않습니다(정확하게 0.7%정도). 그래서 나머지 99% 우라늄을 버리기 아까우니까 그 버릴 우라늄을 농축시켜서 한 5%, 아주 많으면

10% 정도를 건지는 것이죠. 우라늄238이라는 놈은 질량이 큰 것인데 쓸 수가 없어요. 그것은 내버리는 것입니다. 우리가 쓸 수 있는 우라늄은 U235라는 것인데 조금 더 가벼운 것이죠. 원심분리기로 돌려서 좀 가벼운 놈을 모아 한 4%~5% 정도를 건지는 것이죠. 그러기 때문에 우라늄이라는 재료 자체가 그냥 땅에서 캐어지는 것이 아닙니다. 농축과정을 거쳐 생산되는 것이죠. 그런데 핵발전소라는 시설 자체가 그 수명이 맥시멈 40년 밖에는 되지 않습니다. 30년 정도 지나면 노후되어 사고위험이 높습니다. 우리가 매장량을 100년 잡는 것도 현재의 핵발전소에 기준하는 것인데 지금부터 와장창 현재 핵전의 2·3배를 지어버리면 우라늄도 30년 밖에는 쓰지를 못합니다. 아주 맥시멈으로 잡아서 50년이면 핵전의 시대는 사라집니다."

"일본은 후쿠시마 원전사태 이후에 전국의 핵발전을 전면 중단했다고 하던데, 핵발전을 중단해도 일본은 잘 돌아갔지 않은가? 그만큼 핵발전 외로도 발전 캐패시티가 있다는 얘기 아닌가?"

"전기절약을 많이 했겠죠. 그런데 아베安倍晋三라는 노골적 우파정권이 들어서면서 다시 원전을 가동시켰습니다. 지금 한 반쯤 다시 가동되고 있다고 합니다."

"독일은 원전(핵전)을 없애겠다고 했다는데?"

"독일이야말로 가장 모범적인 국가지요. 불란서는 워낙 핵전의존비율(70% 정도)이 크기 때문에 방향을 틀기가 어려울 것입니다. 그러나 독일은 무원전시대를 전 국가 목표로 선언하고 전 국민이 동의했습니다. 그것도 서서히 방향을 틀고, 원전도 부작용없이 서서히 셧다운해야 하기 때문에 조직적 사고와 행동이 필요한 것이죠. 2025년경까지 독일은 핵발전을 종결짓겠다고 했습니다."

"그럼 대체에너지는 무엇으로 하는가?"

"독일은 햇빛과 바람을 최대한 활용할 것입니다. 그리고 생활방식·주거환경·건축양식에 있어서 에너지를 효율화하는 절검을 실천하는데 세계문명의 선두를 달리고 있습니다. 독일은 정말 모범적입니다. 에콜로지의 기술면에서 가장 앞서가고 있습니다."

"에너지 절검만으로도 히틀러의 죄과를 씻겠군. 역시 칸트나 헤겔을 만들어내는 나라는 다르단 말야! 불란서는 혁명으로 피를 흘릴 때, 독일의 사상가들은 그 혁명정신을 근대적 인간관Modern Man을 정립하는 철학체계로 승화시켜 표현했다 그말이지. 우리가 아무리 헤겔을 비판해도, 헤겔은 칸트 없이 나올 수 없는 것이고, 또 맑스 또한 헤겔 없이 나올 수 없는 것이라는 엄연한 사실을 전제로 하면 인류의 근대성Modernity이라고 하는 보편적 사유의 전범을 칸트의 『순수이성비판』과 헤겔의 『정신현상학』이 만들었다고도 말할 수 있어. 『순수이성비판』에서 『정신현상학』이 나오기까지 30년도 안걸렸거든. 얼마나 집약된 사고의 실험인가? 하여튼 난 놈들이야!"

"이 시대에 한 문명국가라도 집약적으로 에너지절검의 모범을 보이면 세계문명의 방향이 변할 수 있는 것이죠. 그런데 문제는 중국이죠. 유럽전체가 합심하여 20년 이내로 20%의 에너지를 절검해도, 그 절검된 양은 중국이 악화·낭비시키는 에너지의 10%밖에 되지를 않아요."

"그런데 백산과 같이 사람들이 밀집해서 살고 있는 도시 한 가운데 저렇게 원자로 4기나 건설하는 것이 타당한가?"(※백산에 해당되지 않는다).

"남의 말을 할 때가 아닙니다. 우리나라 신고리에 140만KW짜리 핵반응로

2개가 건설 중이죠. 이미 100만㎾ 미만의 핵발전로가 4개, 100만㎾짜리 2개, 그러니까 6개가 기존해 있습니다. 그것도 모잘라 신고리 5호기·6호기를 다시 건설 예정하고 있습니다. 그러니까 지금 눈앞에 보이는 저런 핵반응로가 한 지역에 10개나 밀집해 있게 되는 셈이죠. 더구나 우리나라 고리·신고리의 정황은 30㎞ 반경이내에 320만명이 밀집해 살고 있습니다. 고리원전 제1호기가 크게 문제 있다는 것은 너무도 잘 알려진 사실입니다. 고리원전 인근 주민들의 암발병과 원전의 관련에 대한 제소가 잇따르고 있습니다. 하여튼 우리나라 사람들은 자기들이 살고 있는 국토에서 어떤 문제가 일어나고 있는지에 관하여 보다 명료하고 정확한 지식을 가져야 합니다. 대부분의 죄악은 무지에서 발생합니다. 싯달타도 결국 인간의 무지 때문에 발심한 사람이 아닙니까?"

나는 갑자기 하바드대학 재학시절에 고구려문명의 최후를 논한 손병헌 학형의 말이 생각이 났다(손병헌은 성균관대학 사학과 교수로 재직하면서 많은 인재를 배양하였고 은퇴하였다).

"분묘형태를 보아도, 3국을 최강자인 고구려가 아닌 신라가 통일했다고 하는 그 사실이 좀 이해가 가요. 고구려는 너무 급격하게 광대해지면서, 그 광대한 토지를 다스릴 수 있는 도덕적 기초를 다지지 못한 것 같아요. 다시 말해서 상층계급과 하층민 즉 기층민중 사이에 괴리가 너무 커진 것이죠. 다시 말해서 광대해지면서 그 속이 공허해진 문명이라고나 할까요? 신라는 기층민과 상층계급간에 분묘양식에 어떤 연속성 같은 것이 있지만 고구려는 달라요. 우리가 보는 화려하고 장대한 적석묘나 석실벽화묘는 기층의 인민과는 단절된 사태입니다."

고구려문명은 과연 공갈빵이었을까? 우리도 핵전이나 짓고 남북동포들이 서로 물어뜯고 싸우면서, 잘 산다고 으시대고, 강남의 썩어빠진 고급점포들이나 즐비하고, 보수정치인들이 입발린 소리하면 군침을 흘리며 빨갱이타도나 외치고 … 아이고! 이 모든 것이 다 아포칼립스로구나! 에고고!

우리 대화를 듣고 있던 누군가 "백산에서 밥 안먹길 잘했다"고 했다. 우리는 저녁 7시 25분에 꿈에 그리던 주몽의 최초 도읍지 환인桓仁에 도착했다. 연길

드디어 환인에 오다

여행사를 통해서 도저히 환인의 호텔을 예약할 길이 없었다. 모든 호텔이 만석이고 롱위크앤드래서 터무니 없이 비쌌다. 그래서 그냥 예약없이 내려왔던 것이다. 호텔을 찾느라고 여기저기 1시간 이상을 헤매었다. 드디어 신축중인, 아직 완벽하게 개장하지도 않은 호텔을 찾았다. 바로 오녀산성 아래에 있었다. 신희상무주점晨熙商務酒店이라는 곳이었는데 우리 전원이 편하게 잘 수 있는 방이 모두 2,000위앤에 해결되었다(연길에서는 8,000위앤으로도 예약이 안되었다). 우리가 건물이 지어지고 나서 숙박한 최초의 손님이었다. 그러나 무엇보다 깨끗해서 좋았고 모든 것이 새로와서 좋았다. 아주 소박하게 지은 집이래서 새집증후군도 별로 느끼지 못했다. 이날 모두가 잠을 푹 잤다.

10월 3일, 금요일. 위대한 날씨

창밖으로 내다본 환인 최초의 광경

새벽 5시 반경 눈을 떴다. 창밖을 내다보니 먼동 속 어슬프레 푸른 색조로 다가오는 산세들이 위압적이면서도 인간적이다. 와아! 여기가 과연 주몽이 도읍한 그곳인가? 가슴이 설렌다.

"나는 천제의 아들이요, 하백의 외손이라! 오늘 도망하는 중에 날 쫓는 자들이 이르렀으니 어찌하랴! 我是天帝子, 河伯外孫, 今日逃走, 追者垂及, 如何?"

이 절박한 주몽의 외침이 귀에 쟁쟁히 들리는 듯하다. 『삼국사기』에는 이 사건이 일어난 곳을 엄호수淹狐水, 엄사수淹㴲水, 개사수蓋斯水 등의 말로 표현하고 있고, 호태왕비 비문에는 엄리대수奄利大水로 되어있다. "엄리奄利"를

"엄내"로 보아 그것을 "압록"의 고칭과 상통하는 것으로 비정하나, "엄니" "엄내"라는 것 자체가 "큰 물大水"이라는 뜻이니, 이 강은 대강 지금 흑룡강 성과 송화강松花江이 만나는 지역 언저리였을 것으로 추정된다. 이 송화강은 다시 라린강拉林江과 만나는데, 그 아래는 아직도 부여현扶餘縣이라는 지명이 남아있다. 하여튼 이런 이야기, 다시 말해서 그 긴박한 시점에 강으로부터 물고기떼와 자라떼(魚鼈)가 떠올라 큰 물을 무사히 건널 수 있었고, 그 어별교는 그들이 건너자마자 사라져 추자追者들을 따돌렸다는 이야기, 이런 이야기를 우리는 과연 어떻게 이해해야 할 것인가?

이것이 사실인가? 신화인가? 『삼국사기』에는 어별魚鼈의 떼로만 되어있고, 『광개토대왕비』에는 거북이가 갈대를 엮어 제대로 된 다리를 만드는 것으로 되어있다. 그런데 더 중요한 사실은 신화적 상상력의 차원에 있어서조차, 이러한 중대한 사건을 상상하는 우리민족의 관념적 스케일은 겨우 몇사람이 어떻게 거북이나 자라의 부력을 이용해 도강한 사건의 규모에 그치고 만다는 것이다. 이스라엘민족이 모세의 영도하에 홍해에 이르렀을 때 시내산에서 영험성을 부여받은 지팡이로 홍해를 갈라 민족이 바다벽 사이로 이동하는 그 장쾌한 모습의 스케일을 연상하지는 않는다. 그러나 양자는 동일한 신화적 표현이다. 진도 고군면 금계리 앞바다에서도 바다가 갈라지는 자연현상이 목도되곤 하는데, 하여튼 불가능하지만 가능할 수도 있는 자연의 현상을 조합하여 신화적 사건을 지어내는 인간의 상상력은 우열을 가릴 수 없는 것이다. 신화는 사실을 바탕으로 한다.

자아! 우선 이 환인에서 166km 밖에 안떨어진 곳에 이곳의 역사를 알려주는 당대의 기록(광개토대왕비)이 있고, 그 기록의 사실성과 실체성을 입증하는

시나이반도에서 내가 바라본 홍해의 모습. 2007년 4월 22일.

생각해보라! 천제의 아들, 하백의 외손 주몽이 건넌 엄리대수는 이러한 스케일의 강이었다. 송화강 하류. 신화적 상상력에도 반드시 진리의 요소가 있다. 그럴 때만이 신화는 우리에게 구체적 의미체로서 등장한다. 동포여! 기억하자! 주몽은 신화가 아닌 사실이었다.

수없는 유적(고분군이나 궁터, 성터, 그리고 여타 벽화, 문자 자료)이 있다고 할 때, 이 환인의 흘승골성을 바라보는 우리의 시각이 『삼국사기』의 몇 줄에 제약되어 있는 아득한 먼나라의 신화적 환영에 그치고 말 수는 없는 것이다.

광개토대왕은 움직일 수 없는 역사적 사실historical fact이다. 그 비는 그가 서거한지(AD 412) 2년 후에 그의 아들 장수왕이 아버지의 공적을 기리기 위해 자기 아버지 능묘 동편에 세운 것이다(AD 414: 장수왕 원년이 AD 413). 그러므로 이들에게 있어서 자기네 나라의 건국자인 시조 주몽의 이야기는 신화가 아닌 당대에 전승된 담론이다. 그러면 무엇보다도 우리의 모든 담론의 사실근거를 확보할 수 있는 확실한 자료인 비문을 한번 해석해보자! 이것은 서류상으로 조작할 수 없는 AD 414년 당대의 확실한 언증言證인 것이다.

惟昔始祖鄒牟王之創基也, 出自北夫餘, 天帝之子, 母河伯女郎, 剖卵降世, 生子有聖德, □□□□□命駕, 巡幸南下, 路由夫餘奄利大水。王臨津言曰:"我是皇天之子, 母河伯女郎, 鄒牟王, 爲我連葭浮龜。"應聲卽爲連葭浮龜, 然後造渡。於沸流谷忽本西, 城山上而建都焉。

이것이 바로 그 유명한 광개토대왕비의 첫 머리인데, 우리가 흔히 접할 수 있는 자연스럽고도 유려한 한문의 문체이며, 전혀 이상한 고대의 수수께끼가 아니다. 다시 말해서 이 정도의 명료한 문장을 쓸 수 있는 사람들의 합리적 사고구조에 대하여 우리는 보다 치열한 이해를 해야 한다는 것이다. 해석해보면 다음과 같다(세부적 판독에 관한 이설이 많이 있다. 이하의 번역은 기존의 모든 성과를 종합한 나의 해석방식을 반영한 것이다).

아~ 옛날에 우리들의 시조이신 추모왕(鄒牟는 『삼국사기』에 朱蒙, 象解, 衆牟, 東明으로 나오는데 발음상 다 관련이 있을 것이다)께서 국가의 기업基業을 창건하신 내력은 다음과 같다. 우리의 시조 추모왕은 북부여지역에서 출생하시었는데, 그는 천제(天帝=하느님)의 아들이며, 어머니는 하백(河伯=물의 신=땅의 신=따님)의 딸이었다. 그는 알을 깨고 나옴으로써 인간세로 강림하시었던 것이다. 태어나면서부터 범인과는 다른 성덕聖德(성스러운 덕성holy virtue)을 지니시었다. 그는 … 이유로 고토를 떠날 것을 하명 받으시었다. 그는 천제의 아들로서 순행의 대열을 갖추어 남하하시었다. 그런데 그 남하의 여로가 부여의 엄리대수를 지나갈 수밖에 없었다. 추모왕께서 그 엄리수의 나룻터에 이르시어 말씀하시었다: "나는 황천皇天의 아들이며 어머니는 하백의 딸이다. 내가 곧 추모왕이로다. 나를 위하여 갈대를 엮고 거북을 띄워라." 그 말씀에 향응하여 곧바로 갈대가 엮어지고 거북이 떠서 다리를 받치었다. 연후에 엄리수를 무사히 건넜다. 이들은 계속 남하하여 비류곡沸流谷(비류하沸流河의 계곡. 비류하는 지금의 혼강渾江River Hun이라는데 대체로 학설이 일치한다)의 홀본忽本(우리가 보통 졸본卒本이라 칭하는 명칭과 일치하는 것으로 보이나 졸본의 정확한 위치는 여러 설이 있을 수 있다. 『삼국사기』주에 졸본천卒本川에 이른 것을 흘승골성紇升骨城에 이르렀다고도 했다) 서쪽에 이르러, 산 위에 성을 쌓고 그곳에 국도를 건립했다(즉 고구려라는 국가를 세웠다).

이것은 결코 신화가 아니다. 바로 이 비문이 지시하고 있는 역사적 사건의 현장을 우리는 두 눈으로 목도할 수 있는 것이다. 우리는 여타 역사적 문헌에 의지하지 않고 이 비문에 즉해서 사태를 추궁해 들어간다면 분명 추모왕은 "북부여北扶餘"라는 지역으로부터 내원하는 세력이고, 그는 철저히 "천제

이것은 불란서의 중국학자 샤방느 Édouard Chavannes, 1865~1918의 광개토대왕비 탁본이다. 그는 1907년 4월, 집안을 방문하여 비의 사진을 찍고, 현지에서 탁본을 하나 샀다. 다음해 『통보通報』제2권 제9호에 이것을 발표하였다. 이로써 광개토대왕비는 유럽세계에 알려지게 되었다. 이 탁본은 초기탁본에 속하기 때문에 비문 연구에 도움을 주는 자료이다. 1883년 가을, 사코오 카게노부 酒勾景信가 가지고 온 탁본, 쌍구가묵본雙鉤加墨本과는 격이 다른 탁본이지만 석회를 바른 이후의 것이래서 많은 오류를 내포하고 있다. 불란서의 유명한 사이놀로지스트들, 데미빌, 그라네, 마스뻬로, 펠리오가 모두 샤방느의 제자이다. 샤방느는 사마천의 『사기』를 불역하였다.

내가 여명에 처음 본 서기 어린 흘승골성과 비류수의 모습. 주몽이 우리 고민족을 이끌고 이곳에 당도했을 때,
홀연히 이 천연의 요새는 최적의 도읍지로서 주몽의 의식에 나타났을 것이다. 바로 여기다! 이 시기를 김부식은
"혁거세 21년 갑신세(BC 37)"라고 말하고 있는데 이 비정은 역사문헌의 여러 사실정황에 비추어 적합치 않다.
한사군의 설치의 배경에 고구려의 존재를 배제할 수 없고, 광개토대왕 비문에 대왕을 17세손이라 했는데,
『삼국사기』에는 13세손으로 되어 있어 의도적으로 연도를 축약시킨 흔적이 있다(단재설). 김부식은 신라계열의
사람이므로 고구려의 성립이 신라에 앞서는 것으로 기록하는 것을 용납할 수 없었다. 그래서 고구려의 성립연
대도 "혁거세 21년"이라고 말한 것이다. 신채호는 BC 190년 전후로 보고, 북한사가들은 BC 277년으로 본다.
고구려의 성립이 신라보다 앞섰다는 것은 더 말할 나위가 없다.

홀승골성

지자天帝之子"라는 의식 속에서 자기의 아이덴티티를 규정한 것이다. 모세는 야훼의 권능을 대행하는 인간세의 한 개체일 뿐이다. 그러나 추모왕은 인간인 동시에 천제天帝의 아들이다. 다시 말해서 그는 인간인 동시에 하늘의 영역에 속하는 존재이다. 그의 어머니가 하백河伯의 딸이라는 것은 하늘과 땅의 교감을 상징하는 것이다. 하백은 물의 신이지만 물은 땅이라는 생명체의 심볼리즘symbolism이다. 하늘이 땅과 교감함으로써 추모왕은 인간세로 강림한 것이다. 추모왕 본인이 하늘과 땅이라는 천지코스모스의 합체合體이며 주축主軸the Cardinal Axis이다. 그는 모세와는 격格이 다르다. 그가 곧 하늘이요 땅인 것이다. 이러한 존재의 창기創基(새로운 시작=창조)에는 인간세의 아버지가 있을 수 없다. 부권이 강성한 부계사회에서의 아들은 필연적으로 아버지의 핏줄에 종속되기 때문에 진정한 새출발이 될 수 없다. 예수가 하나님의 아들the Son of God이 되기 위해서는 생부 요셉의 정액을 배제시키고 성령에 의한 동정녀 마리아 회임을 복음서기자들이 주장하듯이, 주몽 또한 인간세의 부계를 배제시키는 난생卵生의 심볼리즘의 방식으로 강세降世하는 것이다.

추모왕이 엄리대수에 이르러 외치는 당당한 모습을 보라! 그는 모세처럼 하나님 야훼의 영험한 권능을 빌릴 필요가 없다. 그에겐 야훼의 지팡이가 필요없다. 그 본인이 하백의 딸의 아들이다. 따라서 그는 물(땅)의 신에게 곧바로 명령할 권능을 지니고 있다: "내가 곧 하늘신과 땅신의 아들 추모왕이다." 그는 이미 "건도建都(개국)"하기 이전에 이미 추모왕으로서의 권능을 지니고 있는 것이다. 그리고 산천이 모두 자신이 추모왕임을 인가하고 있다는 것을 전제로 하고 있다: "내가 곧 추모왕이다. 나를 위하여 갈대를 엮고 거북이를 띄워라!"

우리는 이 메세지를 신화적 사건으로 해석해서는 아니된다. 신화속의 몇 사람이 영험스러운 산천의 도움을 입어 외나무다리 같은 것을 간신히 건넌 가냘픈 사건으로 읽어서는 아니된다는 것이다. 나는 "환인"에 와서 비로소 내 생애 처음으로 "신화myth"의 의미를 실감나게 느껴보는 듯 했다. 신화의 배경에는 엄청난 역사적 사건이 감추어져 있는 것이다. 신화는 그 엄청난 사건의 기술을 단순화시키고 있을 뿐이다.

추모왕은 북부여의 막강한 세력이었을 것이다. 비문은 그의 남하南下를 "순행巡幸"이라고 표현하고 있다. 이것은 소수의 도망침이 아니라, 대규모의 민족이동이 있었음을 나타낸다. 활 잘쏘고 말 잘타며, 도강의 기술이 탁월한 민족의 대이동이 시작된 것이다.

고려 고종시의 대문호인 백운거사 이규보李奎報, 1168~1241가 김부식이 『삼국사기』의 자료로 삼았던 원사료 중의 하나인 『구삼국사舊三國史』 중의 「동명왕본기東明王本紀」를 읽고 김부식이 그 진실한 사태를 너무 소략하게 처리한 것을 통탄하면서 외치는 한마디는 참으로 오늘 우리가 되씹어 볼만하다:

及三復耽味，漸涉其源，非幻也及聖也，非鬼也及神也。(『東明王篇』幷序)

내가 동명왕기사를 세번 반복해 읽으면서 그 문장의 맛을 음미하고, 점점 그 본원으로 섭렵해 들어가니, 이는 환幻이 아닌 성聖이요, 귀鬼가 아닌 신神의 일이로다!

나는 이날 아침밥도 먹지 않고 새벽기운을 놓칠세라 옥수수 들판과 황금 빛으로 물든 벼이삭 논두렁을 마구 달렸다. 어제 흠뻑 내린 비로 티끌먼지 하나 없이 씻겨내린 청명한 가을하늘, 그 아래 굽이치는 황금들판은 단풍 물 들은 산하의 청아한 기운과 강렬한 콘트라스트를 형성하면서, 나에게 싱그러 운 파노라마를 선사하고 있었다. 카메라에 포착된 영상의 질점들은 외설악 연 못을 튀어오르는 잉어비늘에 반사되는 햇빛보다 더 강렬하게 나의 시선을 자극 했다. 10월 3일과 4일 양이틀간 나의 니콘 카메라에 담긴 영상들은 나의 생애 에서 가장 고귀한 신의 선물이었다. 나는 드디어 비류수沸流水 혼강渾江River Hun가에 섰다. 나는 이규보의 『동명왕편』의 한 구절을 떠올렸다.

검은 구름 홀령鶻嶺을 휘덮으니

산들은 보이지 않네

그러나 그 가운데

수천의 사람들이 나무를 자르며

집을 짓는 소리가 서려있다

왕이 외치시는 듯 하다

하늘이 나에게 여기 이 땅에 성을 쌓으라고

독려하시는구나!

홀연히 운무가 흩어지니

드높은 궁궐이

웅장한 자태를 드러내었다.

이러한 시구절의 바로 그 현장에 내가 서있는 것이다. 어제까지 비구름에 덮혀있던 "홀승골성忽升骨城"(=흘승골성紇升骨城. 『동명왕편』에 "홀령鶻嶺"이라 말한 것이 바로 이것이다)이 갑자기 나에게 그 웅장한 모습을 드러내고 있는 것이다.

저 멀리 흘승골성, 일명 졸본성이 보인다. 수확을 기다리는 광활한 벼
이삭의 들판이야말로 고구려 도읍지 하부구조의 성대함을 말해준다.

그것도 비류수 너머로! 아침햇살에 비류수에 비치는 흘승골성의 모습은 팔레스타인의 유대광야에 우뚝 서있는 마사다요새와는 비교도 안될 정도로 정교하고 더 웅장한 난공불락의 거성巨城이었다. AD 70년 예루살렘성이 함락되고, 유대인 열성당원들과 시카리들이 로마 제10군단의 대부대와 맞서서 최후의 항전을 감행한 마사다요새Fortress Masada가 지어진 시점과 우리민족 고대사의 한 전환점을 형성한 흘승골성요새가 지어진 연대가 비슷한 시기에 속한다는 것도 재미있는 일이다(단재식으로 생각하면 흘승골성의 축성연대가 몇 세기 빠르다고 보아야 할 것이다.). 그러나 이 두 요새를 놓고 비교해보면 흘승골성이 규모나 그 난공성은 마사다요새와는 비교가 되지 않는다. 참으로 웅혼하기 그지없는 천연의 요새였다.

"흘승골성"이니 "홀승골성"이니 하는 말이 한자의 의미와는 관련이 없을 것이지만 그냥 쳐다보더라도 그것은 "홀연히 솟아있는 거대한 동물의 뼉다귀의 형상"이다. 우선 이런 천연요새를 그 광막한 동북의 평원에서 발견하

흘승골성의 장쾌하고 웅장한 모습. 이 전체가 하나의 요새였다. 해발 824m. 이 바위요새는 산성이고 하고성자라는 평지성이 따로 있었다. 성립시기는 BC 3세기로 소급되어야 한다.

해발 400m의 이 마사다 고지에 헤롯 대왕이 BC 37~31년 사이에 궁궐을 짓고 요새로서 강화를 했는데 헤롯은 이 요새를 쓰지 못하고 BC 4년에 신병으로 죽었다. AD 70년 예루살렘성이 함락되고 시카리 열성당원 967명이 최후의 항전을 했는데 로마 제10군단이 AD 73년 겨울 6개월 동안 공략을 했다. 결국 요새가 무너지자 전원이 제비뽑는 방식으로 죽음의 항거를 했는데 마지막 한 명만이 자살을 한 셈이 되었다. 이 최후장면은 사가 요세푸스에 의하여 기록되었다.
2007년 4월 25일. 도마복음 현장 답사시 촬영.

였다는 것도 대단하지만, 그 천연요새를 방비하느라고 쌓은 석성의 규모는 서울의 북한산성을 연상케하는 규모이니, 그것은 여간한 하부구조를 전제로 하지 않고서는 설명이 되지 않는다. 그것은 신화가 아닌 대규모 민족이동

*Völkerwanderung*의 사실이다.

추모왕鄒牟王이 천제天帝와 하백여랑河伯女郎의 아들이라고 하는 사실은 천지코스몰로지*Tien-ti* Cosmology의 주축으로서의 자신의 이해와 더불어 이 흘승골성을 천하의 중심축으로서 이해하였다는 것을 입증한다. 재미있는 사실은 광개토대왕 비문 전체를 통하여 중국 즉 중원의 국가들이 일체 등장하지 않는다는 사실이다. 다시 말해서 중원 중심의 세계질서개념이 비문에 결여 되어 있다는 것이다. 고구려만이 천지의 주축이며 천하의 중심이다. 고구려가 지배영역의 대상으로 하는 나라들이 중원의 국가들이 아니라, 백잔百殘(=백제百濟), 비려碑麗, 신라新羅, 동부여東扶餘, 왜倭, 임나가라任那加羅 등 주로 오늘의 한반도 지역과 요동, 일본 등의 영역으로 펼쳐져 있다. 오늘의 중국이 아무리 "동북공정"을 운운해봐도, "동북"이라고 하는 지역은 중원과는 별도로 한반도를 포함한 또 하나의 거대한 세계질서의 일원으로서의 자기인식을 주축으로 삼고 있었으며 중원을 치지도외했음이 명료해진다.

다시 말해서 고구려가 압록강북쪽에 위치하고 있으면서도 거대한 중원을 내다보지 않고 압록강이남의 세계를 자기 코스모스의 축으로 생각했다는 것은 저 북부여로부터(흑룡강성) 조선반도를 걸쳐 큐우슈우지방의 왜倭에 이르는 어떠한 세계, 다시 말해서 우리가 막연하게 고조선古朝鮮이라고 부르는 거대한 문명권의 선재先在를 상정하지 않으면 아니된다는 가설을 절박하게 만든다. 전라도지역에 무진장 분포되어 있는 고인돌의 문화벨트를 단순히 로칼라이즈되어 있는 부족사회의 고유물로 보아서는 아니된다. 고인돌과 고구려의 적석총은 모종의 역사적 연속성이 있으며, 기실 광개토대왕 비문에 나오는 추모왕의 탄생설화는 다행스럽게 『삼국유사』에나마 뒤늦게 수록된 환웅桓雄·단군檀君의 설화와 기본적으로 그 천지패러다임을 공유하는 것이다. 단군이나 주몽이나 다 같은 하늘의 자손이며 천지코스모스의 주축이다. 호태왕 비문은 추모왕에 관하여 다음과 같은 말로 매듭을 짓고 있다.

… 城山上而建都焉。不樂世位，因遣黃龍來下迎王。王於忽本東岡，黃龍負昇天。

산 위에 성을 쌓고 그곳에 국도를 건립했다(즉 고구려라는 국가를 세웠다). (그는 19년을 재위하였다). 그는 인간세의 왕위를 즐거워하지 않았다. 그러함으로 인하여 천제는 황룡을 보내어 인간세에 내려와 추모왕을 맞이하게 하였다. 추모왕께서는 홀본의 동강東岡에서 황룡을 타고 하늘로 오르시었다.

여기 천손의 귀로가 명백하게 드러나고 있다. 본시 하늘의 아들로서 인간세에 강림하였으니, 인간세를 평정한 후에는 본향인 하늘로 돌아간다. 그의 궁극적 고향은 하늘이지 땅이 아니다. 이 한 구절이야말로 고구려에 그토록 많은 적석총의 비밀을 말해준다. 고구려의 무덤들은 시신이 지하에 들어가는 법이 없다. 사람을 땅에 묻는다는 것은 육신의 백魄을 그 본향인 땅地으로 되돌린다는 것이다. 그러나 고구려인들은 자신을 천손으로 규정하였기 때문에 시신을 땅 속에 썩히지 않는다. 대부분의 적석총의 상부에 시체를 안치하는 석실이 있다. 황룡을 타고 승천하는 추모왕의 자기인식을 광개토대왕 역시 계승하고 있는 것이다. 이집트의 피라미드에도 시신이 안치된 석실은 한가운데 3분의 2정도 되는 곳에 자리잡고 있다. 그들의 영혼은 하늘로 배를 타고 항해를 한다. 어찌보면 흘승골성 그 거대한 바위덩어리가 하나의 적석총의 오리지날 모델이라고 보아야 할 것 같다.

흘승골성 역시 지금은 중국정부가 완전히 통제하고 있어, 반드시 오녀산

앞 사진들은 흘승골성을 평지에서 올려다보면서 찍은 것이다. 그러나 흘승골성 꼭대기에서 평지를 내려다 보면 이와 같은 모습이 펼쳐진다. 사방에서 침공해 오는 적들의 모습을 한 눈에 굽어볼 수 있는 전략적 요새였다. 아마도 주몽은 이런 곳에서 황룡을 타고 하늘에 올랐을 것이다. 동네전설에 의하면 승천하는 날 특별히 일찍 일어나 태자에게 국가대사를 넘겨주고 황후가 준비해 준 의관을 정제하고 사랑하는 패검을 차고 동강 용산에 올랐다고 한다. 영롱한 채색구름이 갑자기 그를 감싸더니 황룡머리 위 하늘로 오르자 국민들은 흥분에 휩싸여 음주작악飲酒作樂하면서 삼천삼야三天三夜 발구르며 경하하였다고 한다.

67

환인오녀산박물관에 들어가면 "고구려제1도 高句麗第一都"라고 써놓았다. 더이상 동북공정의 용어로 왜곡할 수 없는 사실이다. 제일 상단의 진열품은 가마솥, 등자, 취사용 쇠냄비, 토기항아리, 시루 등인데 철기문명의 발전된 단계를 보여 준다. 중간에 있는 것 "철찰도鐵鍘刀"라 했는데 우리 말의 "작두"에 해당된다. 한 쪽에 구멍이 있는 것만 보아도 작두임에 틀림이 없다.

흘승골성에서 발견된 화덕인데 그 구조상
온돌의 가능성까지도 암시한다. 흘승골성
에서 출토된 것중에 매우 소중한 것인데,
이것과 관련해서 안악3호분 전실 동벽에
그려져 있는 고구려인들의 부엌구조의 이
모저모를 연상하는 것도 재미있는 일이다.

유네스코 세계문화유산에 등재된 이름은 "흘승골성"이나 고구려 도읍지가 아니고 "오녀산 산성"으로 되어있는데 사실 이것은 이만저만 한 왜곡이 아니다. 오녀산五女山이란 당나라 시절, 이 동네에 무공이 있었던 5자매의 전설에서 온 것이다. 전설에 의하면 이 지역은 발해에 속해있었다. 발해의 악랄한 관리 퉁금창佟金昌이 이 지역에 부임했는데 그 아들 퉁우佟牛가 이 동네 무협집안의 둘째딸 춘련春蓮을 겁탈하려고 횡포를 부리다가 그 5자매의 모친과 동네사람을 다 죽인다. 5자매는 여병女兵을 데리고 이 올자산兀剌山(흘승골성)에 오르고 그들의 오빠 대강大剛은 남병男兵을 데리고 이웃한 연간산烟簡山에 오른다. 5자매는 쳐들어오는 퉁우를 처단하지만 나중에 발해국왕이 보낸 1천 명의 정병과 싸우다가 장렬하게 죽는다. 결국 발해병은 뒤늦게 당도한 오빠의 부대에 의해 괴멸되지만 남은 것은 5자매의 시신이었다. 이 사건 이후로 이 흘승골성은 오녀산으로 불리게 되었다. 이 전설은 발해를 대적시하고 있다는 의미에서 당나라 때 만들어진 민담이었을 것이다. 발해의 영역과 그 강성함을 확실히 말해주는 민담이기도 하다.

흘승골성을 오르려면 가파른 서벽을 타야하는데 그 길이 18굽이의 지그재그로 돼어있다. 그런데 이것은 고구려시대에 만들어진 길이며 마차가 다닐 수 있는 도폭이 조성되어 있다. 이 길을 "고도십팔반古道十八盤"이라고 부르는데, 조성된 길의 견고한 모습이 진실로 경이롭다. 총 길이가 938m에 이른다. 흘승골성이 실제로 물자운송이 활발했던, 상당수의 사람들이 실제로 거주했던 고성이라는 확신을 준다. 고구려라는 이름이 성城을 의미하는 구려, 구루溝婁에서 왔고, 흘승골성의 "흘골紇骨," "졸본卒本"(=홀본忽本)이 모두 성과 관계있는 말이고 보면 이들은 성 쌓는데 고도의 전문적 기술을 보유한 세력이었다.

十八盘

　　十八盘全长938米，是高句丽人修筑的唯一能走车马的路。这条路曲曲折折，回环旋转，到达山顶共有十八道弯，所以叫"古道十八盘"。

Eighteen Turns

With the total length of 938 meters, Eighteen Turns was the only road built by the Koguryo for wagons and horses. This road is winding with a lot of twists and turns and is named The Ancient Eighteen Turns as there are 18 turns from the foot to the top.

십팔반

　　십팔반은 전체 길이 938미터로 고구려인들이 수축한 유일하게 수레와 말이 다닐 수 있는 길이다. 이 길은 굽이굽이 에돌아가야 하는 바, 산꼭대기에 이르려면 열여덟 개의 굽이를 돌아야 한다. 그리하여 '고도십팔반'이라 부른다.

흘승골성 서벽의 고도18반을 타고 올라오면 제일 먼저 만나는 것이 서문이다. 흘승골성은 북·동·남벽이 모두 절벽이라서 오를 수가 없기 때문에 오직 서벽만이 길이 나있는 것이다. 그래서 서문이 가장 견고하게 지어졌는데 한양의 동대문에서 볼 수 있는 옹성구조로 되어있다. 이 구조는 규모는 다르지만 제2의 도읍지 환도성에 연속적으로 나타난다. 참으로 감동적인 모습이었다. 고구려 최초 도읍지가 이러한 장엄한 모습을 지니고 우리에게 나타난다는 것은 고구려 건국이 신화가 아니라 대규모의 역사적 사건임을 다시금 입증하는 것이다.

홀승골성

서문 입구를 측면에서 찍은 사진.

내가 고도18반을 따라 가파른 길을 버겁게 올라가고 있다. 상당히 높은 곳이다. 해발고도가 서울 백운대와 같다. 고도18반 끝 굽이에서 치켜본 서문의 모습.

서문 입구를 정면에서 찍은 사진.

서문 안으로 들어와서 바깥쪽을 내다보며 찍은 광경.

石 阶

石阶是高句丽时期所建，共55级，宽2.2米，全长24米，以块石和板石砌筑。

Stone Steps

Stone steps were built during the time of the Koguryo with rocks and slates. There are 55 steps with the total length of 24 meters and the width of 2.2 meters.

돌계단

돌계단은 고구려 시기에 축조되었다. 모두 55개계 단으로 너비 2.2미터, 전체 길이 24미터이며 석재와판석으로 쌓아올렸다.

← 흘승골성에 올라와 먼저 좌측으로 난 길을 따라가면 여러 유적지가 있는데 그 중에 고구려 초기에 건조한 것이 확실한 석계
石階가 남아있다. 폭 쌓인 가랑잎에 묻혀 잘 안 보이지만 너비가 2.2m 되는 계단이 55개가 있다. 계단의 전체 길이는 24m이다.
석재와 판석으로 쌓아올렸는데 고주몽, 그 인간의 피땀과 정성을 이런 곳에서 느낄 수 있지 않을까 나는 그렇게 생각한다.

↑ 흘승골성은 우리 민족의 성지聖地이다. 이러한 성지를 바라보는 우리의 가슴은 조상의 영령을 만나는
기쁨과 두려움으로 설레일 수밖에 없다. 이런 곳에 와서 그러한 경건함을 느끼지 못하는 자들은 한국인의
자격이 없다 할 것이다. 흘승골성은 멀리서 보면 하나의 통뼈처럼 보이지만 올라와 보면 몇 개의 독립된
암봉이 있다. 나는 찬란한 단풍 옷을 입은 이 장쾌한 바위가 고주몽의 위패처럼 느껴졌다. 고구려의 기상을
바로 이런 곳에서 느껴야 하지 않을까! 순간 서울의 인수봉도 이런 고구려 바위의 지기地氣를 계승한 바
위로 나에게는 재해석되었다.

이 서기어린 파노라마는 흘승골성 서벽에서 내려다보는 광경이다. 흘승골성은
산성이다. 산성은 비상시 방어체제일 뿐 일상적 주거지로서는 적합치 않다. 따라서
평원에 평지성이 같이 있게 마련이다. 고구려 최초의 도읍지에는 하고성자라는
평지성이 흘승골성과 함께 있었다. 아마도 그것은 졸본부여의 중심지였을 것이
다. 이 광경 어딘가에 하고성자가 있을 것이라 생각했는데 훨씬 더 오른쪽(북쪽)의
혼강渾江River Hun 너머에 있었다. 도심에 묻혀 그 위대한 우리의 성지는 사라져가고
만 있다. 안타까운 일이다.

홍승곤섭

흘승골성 꼭대기는 남북 길이 1500m, 동서 길이 300m가 된다. 그 중에 우리의 관심을 끄는 터는 제1호 대형건축기지이다. 길이 13.5m, 너비 5m의 직사각형터이다. 주춧돌 6개와 기둥구멍돌 1개, 총 7개의 초석이 있는 것으로 보아 6칸짜리 건축물로 추정된다. 산성유적지들의 규모와 등급으로 보아 이곳이 바로 왕궁터임이 확실하다. 고주몽이 살았던 곳은 바로 이렇게 초라한 왕궁이었다. 고대에는 왕과 서민의 격차가 그리 크질 않았다는 것이 이런 곳에서 느껴진다. 그들은 일심동체의 전사였고 친구였다. 그들의 삶에는 사치나 치장이 있을 겨를이 없었다.

왕궁터의 주춧돌. 새로운 왕조를 개창한 주몽은 이곳에 살면서 과연 무엇을 생각했을까? 그 고구려의 강성함이 전 우주를 휘덮을 기상으로 발전해가고야 말 그 초석을 이 초라한 주춧돌을 놓으며 다졌을 것이다. 그가 활을 잘 쏘았고, 말을 사육하면서도 미래를 준비하는 계책을 다졌다는 등의 이야기는 그가 영민하고, 강건하며, 결단력 있고, 심원한 비젼을 가지고 신중히 생각하는 인물이었다는 것을 말해준다.

흘승골성은 중국인들이 본격적으로 발굴하고 조사한 것은 겨우 1986년의 일이다. 1986년 전에는 중국인들은 이 산성의 존재조차도 몰랐다. 그런데 북한학자들은 20년 앞서 1966년에 이곳에 와서 유적답사보고서를 썼다. 재미있는 것은 청나라(여진족)가 이곳을 자기들의 시원으로 모셨다는 사실이다. 광서光緖 연간에 심양 태청궁大淸宮 감원 이신선李信仙이 성금을 모아 바로 이 자리에 옥황관玉皇觀을 건립하고 옥황대 제를 모셨는데 혼강을 오가던 뱃사공들은 여기 와서 기도를 드렸다고 한다. 그런데 1966년 문혁 때 홍위병이 송두리째 파괴하여 절벽 아래로 정전과 사랑채 세 칸을 다 던져버렸다.

87

이 고구려 도읍지 산성유적에서 우리의 가슴을 끓게 만드는 가장 위대한 유적은 뭐니 뭐니 해도 천지天池라는 우물이다. 해발 824m의 산꼭대기에 이만한 샘물이 있다는 것도 기적적인 일이지만 실로 산성의 존재는 이 우물 때문에만 가능했던 것이다. 주몽과 그의 국인들이 이 물을 마시고 이 물로 밥을 지어먹고 이 물로 몸을 씻었다. 이 물이야말로 고구려의 생명수요, 우리 민족 핏줄의 시원이었던 것이다. 백두산 천지에 비해 그 중요성이 못지 않다. 북한학자들이 이곳을 처음 답사했을 때 맑고 깨끗한 천지물을 마시면서 말 못할 정취에 잠겼다고 했다. 1980년경 이곳을 방문한 소문진은 "밑바닥이 환히 보이도록 맑고 일년 내내 줄지도 넘치지도 않는다. 색깔은 젖빛깔인데 그대로 마시면 이가 시리도록 차고 달고, 끓여서 마시면 용정차를 마시는 것 같다"고 썼다. 지금은 관광지가 되면서 날로 오염되어 가고 있는데 안타깝기 그지없다. 우리 고대사의 진면목, 그 시원의 정기들이 날로 오염되어가고 있는 것이다. 연못 가운데 엽전의 형상을 만들어놓고 돈을 던지게 만들어놓았는데 그나마 옥황관이 사라진 것이 산성 보존을 위해서는 천행이라는 생각이 든다.

도올의 중국일기_2

도움의 중국일기 2

제3호 대형건축기지의 모습.
연변대 사학과 교수 류연산이 쓴 『고구려 가는 길』(아이필드, 2004)을 참고할 것.
류연산柳燃山은 연변 지역에서 활동한 민족의식이 투철한 실증사학자였는데
애석하게도 일찍 타계하였다(1957~2011). 좋은 작품을 많이 남겼다.

거주지의 모습으로 발굴된 곳인데, 온돌의 흔적이 있다.
점장대에서 가까운 것으로 보아 병사들의 막사였을 가능성이 높다.

점장대點將臺라는 곳인데 북한산성의 동장대東將臺와 같은 곳이다. 장군의 지휘소로서 전체가 다 내려다보인다.

새벽 5시에 일어나 아무것도 못 먹었다. 이때가 9시 반이었는데 심하게 배가 고팠다. 점장대에 요기할 수 있는 것이 있었다. 지엔빙煎餠에 야채를 말아주는 것이다. 나는 파를 싫어해서 파를 빼달라고 했다. 두 청년이 아주 잘 생겼다. 고구려 피가 흐르고 있을 것이다. 이날 점심도 못 먹었는데 지엔빙이 하루를 버티게 만들었다. 그렇게 정신없이 흥분 속에 사진을 찍으며 답사를 강행했다. →

나의 답사는 www.hooz.com에 "고구려기행"이라는 제목으로(6부작) 수록되어 있다. 점장대에서 자곤 군이 비디오를 찍고 있다. 내려다보이는 것은 환인수고桓仁水庫라는 저수지인데 1958년에 공사를 시작해서 1968년 발전을 시작, 1975년 7월에 준공하였다. 백두산맥의 노령老嶺에서 발원하여 통화를 거쳐 압록강으로 흘러들어가는 혼강(비류수)을 막은 것이다. 호수 면적이 14,776km²에 이른다. 발전을 위주로 한 댐이다. 이 공사를 할 때만 해도 이곳이 고구려 도읍지라는 의식이 거의 없었다. 이 수몰지구에는 환도성에서 내려다보이는 것과도 같은 고구려 무덤떼가 700기 이상이 있었다. 불행하게도 이 무덤떼는 모두 수장되고 말았다. 이 무덤떼의 사실은 흘승골성이 40년의 역사밖에 지니지 않는 도읍지라는 『삼국사기』의 기술이 얼마나 황당한 설법인가를 입증해준다. 우리의 고대사는 보이는 사실로부터 그 진상을 상식적으로 규명해들어가야 한다. 사관이나 기록의 편견에 의하여 사실을 왜곡해서는 안된다.

산성의 동벽 쪽으로 내려오는 길은 매우 가파른 계단길인데 원래
난공불락의 요새래서 도저히 기어오를 수 없는 곳이었다. 한 선으로
하늘이 보인다고 해서 일선천 一線天이라고 부르는데 사실 우리가
내려가는 이 계단은 관광지를 개발한다는 명목으로 고구려의 장대한
성벽을 허물어 만든 것이다. 애석한 일이 아닐 수 없다.

여기 푸른 이끼로 덮인 이 돌의 모습은 일선천 계단을 타고 내려오면서 보이는 것들인데, 이 사진을 여기 구태여 게재하는 뜻은 이곳의 각력응회암 석질이 광개토대왕비석의 석질과 매우 비슷하다는 사실을 상기시키기 위함이다. 보통 광개토대왕비석을 집안 북쪽에 있는 통화현의 오녀봉채석장에서 가져온 돌이라고 말하기도 하지만, 비석전문가의 일설은 흘승골성의 석질에 더 가깝다는 것이다. 제2도읍지인 국내성에 세우는 광개토대왕의 비석을 시조 주몽대왕의 혼이 담긴 흘승골성의 석재를 썼다는 것은 그들의 역사의식을 말해주는 것이다. 19세기 말에 이 비를 발견했을 때 이 비는 이끼와 만초蔓草로 덮여 있었다고 했는데(1875년경), 이 사진의 모습 같았을 것이다. 그런데 이것을 제거하기 위해 불을 지펴 태웠다고 했는데, 그것은 진실로 무지막지한 사건이었다. 호태왕비가 불에 달궈지면서 균열이 가고 글씨의 상당 부분이 떨어져나갔을 것이다.

홀승골성

석벽의 모습이 원숭이
얼굴 같기도 하고 이스
터섬의 모아이석상 같
기도 하다. 시조 주몽을
사모하는 고구려인의
모습 같기도 하다.

일선천의 길이는 거의
수직에 가까운데 70m나
된다. 일행들이 다리가
후들후들 떨린다고 했다.

흘승골성의 산성의 실제규모는 엄청난 것이다. 그 높이와 두께가 정확히 재보지는 못했지만 사진에 보이는 대로 엄청난 스케일을 과시하고 있다. 이런 성벽이 주몽이 북부여의 친구 몇 명과 와서 세운 나라의 성곽 모습이라고 생각할 수는 없다. 그리고 더구나 40년 쓰고 버린 도읍지의 모습이라 생각할 수가 없다. 국내성의 연도를 기준으로 한다면여기서 최소한 2·3세기 이상을 버텼다는 것은 쉽게 상상할 수 있으며, 연대가 최소한 BC 3세기경으로 거슬러 올라가야 한다는 것은 상식에 속하는 것이다. 그런데 BC 3세기경에 이러한 장벽이 갑자기 만들어진다는 것은 새로 세운 나라의 창업으로만 간주할 수는 없는 것이다. 주몽이 이 지역으로 오기 전에 이미 졸본부여의 굳건한 토대가 있었다는것은 필연적으로 상정하지 않을 수가 없는 사실이다. 주몽은 리더십을 발휘하여 새로운 통합체를 형성하였을 뿐이다. 그렇다면 "고조선"의 존재도 픽션일 수는 없다. 고조선의 기나긴 하부구조를 전제하지 않으면이런 도읍지는 상상할 수가 없다.

성벽의 두께를 어림잡아 4~5m 정도로 본다면, 그 두께가 모두 돌로 채워져 있다. 그 내부는 뾰족뾰족하게 돌출한 견치석으로 쌓아올렸고 그 최외곽면을 견치 사이사이를 메꾸면서 벽돌식의 석재를 쌓아올려 말끔하게 마감하였다. 이 사진에서 윗부분에 내부 견치석이 노출되어 있다.

견치석이 돌출되어 있는 부분.

가장 겉면은 벽돌을 쌓아올린 방식으로 된 정교한 4각석재의 적석인데 그 안쪽은 견치석과 맞물려 있다.

성의 겉면. 이러한 겉면이 두꺼운 성벽의 양면을 형성하고 있다.

성의 두께와 길이를 잘 보여주는 비교적 온전하게 남아있는 성벽.

이러한 석성이 흘승골성을 삥 둘러쳐져 있었다. 지금은 그 일부만
남아있다. 환도성으로 도읍지를 옮긴 후에도 이 흘승골성은 계속
전략기지로 활용되었을 것이다. 천도는 영토의 확대를 의미하는
것이며 기존의 도읍지를 폐허로 만든다는 뜻은 아니다.

박물관을 통과해서 지정된 뻐스를 타고 가야 한다(우리가 알고 있는 졸본성卒本城은 결국 흘승골성인데, 중국인들은 당나라 때의 이 지역 시골민담에 따라 오녀산성五女山城이라고 부른다). 먼저 서파西坡를 거쳐 산꼭대기 서문 옹성에 도착하게 되는데, 그 옹성에 도착하기까지 고구려인들이 그 산을 지그재그로 18굽이 길을 만들어 무거운 것들을 나르곤 했던 "고도십팔반古道十八盤"이라는 길이 남아 있다. 전장이 938m에 이른다.

산꼭대기는 평평하게 되어있어 왕궁을 비롯한 여러 종류의 건물터가 남아 있는데 고구려의 첫 도읍지라는 생각을 하면서 둘러보면 진실로 감회가 새롭다. 남쪽 가장 높은 곳에 장수의 지휘소인 점장대點將臺라는 곳에서 내려다보면 환인지형의 전모를 파악할 수 있는데, 불행하게도 환인댐을 건설하여 거대한 지역이 물에 잠기었다. 고구려 무덤이 700기 이상이 수장되었다고 한다. 처음에는 700기 운운하는 것이 이해가 되질 않았는데, 실제로 집안지역을 답사하면서 얼마나 많은 돌무덤이 이 지역에 있었는지를 상상하기란 어려운 일이 아니었다.

우리는 동문을 거쳐 남문으로 내려왔는데, 남문에서 내려오는 길은 수직 하강에 가까운 가파른 길인데 흘승골성이 얼마나 천혜의 수비성인가 하는 그 장관을 다시 한번 느껴볼 수 있었다. 내려오는 길에 산턱 중허리를 두른 본격적인 산성山城이 나타나는데 흘승골성은 결국 자그마한 고성古城이 아니었다. 북한산성을 바라보는 느낌이었는데 실로 그 축성기법이 매우 독특했다. 한면은 직사각형으로 반듯반듯하게 쌓아 올렸지만 그 이면에는 뾰쪽한 돌이 길게 돌출되어 있다. 그 사이사이를 돌로 채우는 것이다. 그리고 반대 편에서도 똑같이 그런 방식으로 적석하여 두꺼운 성벽을 만들었다.

내려오는데 산 중턱에 만주 노인네 한 분이 살고 있는 나무토막집이 하나 있었는데 참 아름다운 정경이었다. 나는 그 노인네와 말을 건네며 사진을 찍었다. 그런데 이 노인이 나에게 주섬주섬 한 뿌리를 내놓는데 보니 틀림없는 산삼이었다. 나는 "산삼"을 감정할 능력이 있다. 장뇌삼과 산삼은 분명히 다르다. 나중에 안 일이지만 집안 주변으로 산삼이 많이 거래된다고 한다. 얼마냐고 물으니 200위앤을 달라고 한다. 내가 보니 족히 20년근은 되었다. 나는 군말 않고 그것을 주머니에 집어넣었다.

허허 웃는 그 할아버지의 얼굴은 무위 선인의 그것이었다. 산삼의 효과에 관해서 나는 신비로운 이야기를 할 생각은 없다. 그러나 후에 나는 이 산삼의 효과를 단단히 보았다. 공연히 독자들의 호기심을 들뜨게 만드는 소리는 삼가토록 하겠다. 하여튼 우연한 수확이었다. 진짜 산삼을 우리돈 3만원 정도에 건진 것이다.

"고구려"라는 국명 자체가, "고高"자는 나중에 붙은 것이고("높다"든가 "고주몽"의 "고씨"성에서 왔다든가, 하여튼 부차적인 것이다), 그 원래명칭은 "구려"이다. 사실 "고려"라는 말은 고구려의 준말이 아니고, "구려"가 전와된 것이다. 그런데 "구려句麗"니 "구루溝婁"니 하는 말은 본시 "성城"을 뜻하는 말이다. 그러니까 고구려는 성을 잘 쌓는 축성기술문화를 특징으로 하는 국가라고 할 수 있다. 그것은 이 지역에 고유한 문화적 전승과 관련이 있을 것이다.

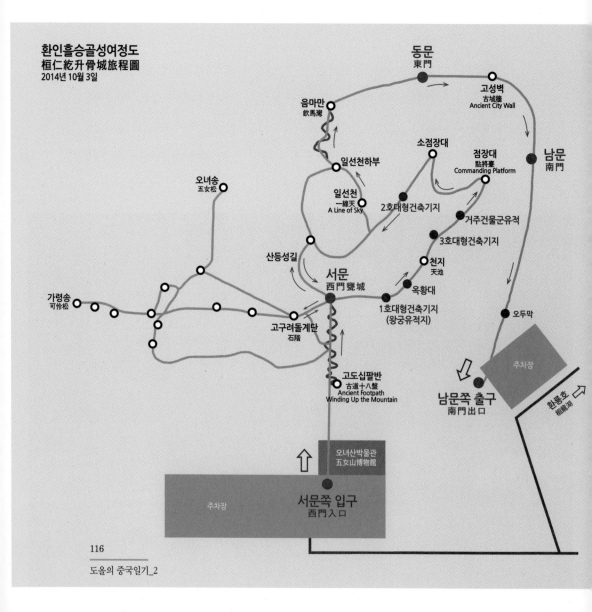

환인흘승골성여정도
桓仁紇升骨城旅程圖
2014년 10월 3일

전형적인 만주인의 얼굴

고구려는 기실 새로 출발한 원시적 부족국가가 아니고 홍산문화紅山文化나 고조선문화로부터 내려오는 다양한 전승을 새롭게 집대성한 화려한 대제국이라고 보아야 할 것이다. 그런데 고구려인들은 산성山城과 더불어 평지성平地城을 짝으로 같이 만들었다. 평지성과 산성은 유기적 연관을 가지고 같이 운영된 궁궐들이었다. 산성이 비상시에 도망가기 위한 전략적 군사기능만을 가지고 있는 것은 아니다. 나는 흘승골성과 짝을 이루는 평지성인 하고성자下古城子를 가보고 싶었다. 그런데 하고성자의 위치를 아는 사람이 아무도 없었다.

흘승골성에서 내려올 때도 뻐스를 올라오는 사람들의 수에 따라서만 배정을 한다. 오전에 엄청나게 많은 사람이 올라왔는데 오후에는 사람들이 많이

중간에 서있는 여자가 무슨 안내원인 듯이 보이지만, 실제로 자기 식구를 새치기시키고 있는 막돼먹은 여자였다. 중국에서는 누가 쎄게 나가면, 별로 항의를 하지 않는다. 그 여자방식은 대중에게 통과되었다.

올라오지 않는데도, 뻐스는 그 올라오는 사람들의 횟수만큼만 배정을 하는 것이다. 그래서 내려갈려는 사람들의 엄청난 적체가 발생했다. 그런데 이런 적체현상을 해결하려는 사람은 아무도 없다. 우리는 2시간동안을 산성에서 가물에 콩나듯 오는 뻐스를 기다리느라고 시간을 허비해야만 했다. 중국은 아직 "합리合理, rationality"라는 것을 모르는 사회이다. 이렇게 뻐스를 애타게 기다리는 관광객들을 묶어두고 뻐스 배정하는 놈은 대단한 벼슬을 한듯이 탱탱거리는 것이다. 그리고 줄서는 사람들 사이에서도 새치기현상, 그리고 뻐스 배정하는 놈이 자기가 아는 사람들을 줄도 안섰는데 먼저 뻐스에 들어가게 해준다든가, 하여튼 그 아수라장은 가관이다. 내가 공산당 고급간부가 아닌 이상, 그냥 순응하고 마는 것이 상책이었다. 공적인 써비스개념의 부재, 연줄, 부패, 이런 것은 도처에서 발견되는 "중국적 특색"이다.

내가 일방적으로 중국을 비하해서 말하는 것은 아니다. 우리나라도 과거 자유당시절, 박정희군사독재시절에는 이런 사회분위기가 만연되어 있었다. 지금 이런 부패가 본질적으로 얼마나 개선되었는지는 모르지만, 최소한 사람들이 일상생활에서 느끼는 "합리성의 증대"라는 측면에서는 우리사회는 많은 진보를 이룩했다. 중국사회가 앞으로 과연 이런 문제를 어떤 방식으로 개선해 나갈지에 관해서는 다양한 견해가 있을 것이다.

결국 하고성자는 찾을 수가 없었다. 옛날에 전호태교수가 이 지역 답사보고를 할 때에도 이미 성벽을 집담으로 쓰고 허물고 하는 안타까운 모습을 슬라이드로 본 적이 있었다. 큰 뻐스를 끌고 여기저기 헤매는 것은 너무 우매한 짓이었다. 외지의 뻐스운전사가 당지의 사람들도 모르는 곳을 제대로 찾아낼 수가 없다. 우리나라처럼 지피에스 서비스가 되는 것도 아니고, 관광지로 개발한 오녀산성 이외의 장소는 전혀 관심의 대상이 아니다. 그만큼 고구려

유적은 당지 사람들에게 "자기실존화"되어 있는 전승이 아니었다. 완전히 자신들의 실존과 무관한 외화된 객체, 그것도 무명과 무지와 무관심의 대상일 뿐이었다. 사실 "동북공정"이란 실체가 없는 것이다. 공연히 한국사람들이 건드려 유발시킨 소수관료나 엘리트 사가들의 장난일 뿐이다.

어떡할까? 택시 운전사들에게 물어 만약 이 지역을 잘 아는 사람이 있으면 내가 택시를 타고 앞장서서 뻐스를 리드하자! 그런데 환인에는 택시도 별로

이 사진은 환인 혼강을 가로지르는 대화차참대교大火車站大橋 위에서 찍은 파노라마이다. 오른쪽 끝에 고구려 산성 흘승골성이 보인다. 우리가 찾으려고 하는 하고성자下古城子 성지城址는 이 사진에서 두 개의 다리가 놓여있는 곳 왼편, 그러니까 이 사진의 중앙에 자리잡은 마을에 있다. 하고성자의 토성은 평지성의 스케일을 갖춘 대규모의 수도성벽이기 때문에 사람들이 점차 거주하면서 별 생각없이 자기들의 거주지 담벽으로 활용하기도 하고 대문들을 다 부숴버려 흔적이 거의 남아있질 않다. 서북쪽 모서리의 ↗

없을 뿐더러 모처럼 잡은 택시운전사들도 "하고성자"를 모르는 것이다. 나는 우선 이 지역 토박이 운전사 한 사람을 무조건 붙잡았다. 그리고 그 사람과 연길의 정경일교수를 핸드폰으로 연결시켰다. 그래도 중국은 핸드폰은 잘 연결이 되는 편이다. 이 작전이 적중했다.

드디어 우리는 "하고성자"가 아닌, "상고성자上古城子"의 무덤떼를 발견하기에 이르렀다. 최초의 고구려 무덤을 바라보는 감동은 이루 헤아릴 길이 없었다. 바로 이런 곳에 우리가 알고 있는 신화의 주인공들, 주몽과 같이 남하했던 오이烏伊, 마리摩離, 협보陜父 같은 사람들이 여기 묻혀있을 수도 있다는 생각을 하니 감회가 새로왔다. 사실 이 환인 상고성자의 무덤떼는 애처롭게 방치되어 있었지만, 집안의 거대한 적석총의 모든 프로토타입을 말해주고 있었다. 고구려인들은 시체를 땅에 묻지 않았다.

✓ 토성의 흔적이 남아있을 뿐이다. 그것도 점점 사라지고 있다. 상고성자니 하고성자니 하는 말은 옛 명칭이 아니다. 옛 성이 있는 지역을 보통 고성자라고 하는데, 상上·하下는 서와 동, 북과 남, 그리고 먼저 생긴 것과 후에 생긴 것에 붙여지는 이름이다. 환인의 상·하는 북·남을 의미하는 것 같다. 어쩌면 상고성자가 하고성자보다 더 먼저 생겼을 수도 있다. 이 사진에서 가장 왼쪽 방향으로 상고성자가 자리잡고 있었다. 이 파노라마의 전경이 바로 비류수, 비류곡, 졸본천, 졸본주 등등의 명칭으로 나타나는 우리 역사 태동기의 한 터전이다. 그러나 이 터전은 주몽의 고구려가 자리잡기 이전에 이미 졸본부여의 강역이었으며, 그 이전에는 요서지방과 연계되는 고조선의 강역이었다는 사실을 망각해서는 아니 될 것이다. 고조선은 조선이며, 조선은 선진문헌으로부터 중원 이북의 맹주대국으로서 항상 전제되어 있었다.

아! 바로 이것이 내가 헤매고 또 헤매다가 찾은 상고성자 유적지! 우리민족의 성지가 아니고 무엇이랴! 인걸은 간데없다만 그들이 활약한 산천과 그들을 묻은 무덤이 의구한 자태를 유감없이 드러낸다. 황혼에 도 짙어만 가는 푸른 서기는 고구려인들의 숨결을 나에게 짙게 전하고 있었다. 『후한서』에도 이런 말이 있다: "예·옥저·고구려는 본시 모두가 다 옛 조선의 땅이었다. 濊及沃沮句麗, 本皆朝鮮之地也." 여기 조 선은 고조선의 국가체계를 일컫는 것이다. 저 푸른 산하가 모두 고조선의 영토였다. 그 고조선의 영토를 부여가 계승하고, 또 고구려가 계승했던 것이다. 앞에 배추밭 옆의 네모난 돌무지는 고구려적석총의 모든 프로토타입의 구조를 함축하고 있었다. 이제 우리는 그 수천 년의 침묵 속으로 여행을 해야 한다.

상고성자

지상에 우선 시신이 들어갈만한 석곽의 공간을 만들어 시신을 안치하고 그 위에 자갈돌을 덮는 무기단식 돌무지무덤이 가장 소박한 최초의 무덤형태였다. 그 뒤로 방형의 돌기단이 등장하고, 또 돌기단이 피라미드식으로 올라가면서 적석총의 다양한 모습이 연출되었을 것이다. 그리고 내부의 돌덧널(石室: 시신만 넣는 단순한 구조)이 점점 천정과 무덤길을 갖춘 돌방(石壙: 지붕을 갖춘 큰 방)으로 발전해갔고, 돌방과 더불어 무덤벽화가 발전해 갔다. 그리고 나중에는 규모가 커지고 돌의 공급이 여의치 못하자, 그들은 적석묘 대신 봉토묘(封土墓: 흙무덤)의 양식도 도입하게 된다.

그 입구에 "성급문물보호단위省級文物保護單位 상고성자묘군上古城子墓群"이라고 쓴 정중한 돌팻말이 서있었다. 그 글씨 밑에는 또 "요녕성 인민정부 1988년 12월 20일 공포公布"로 되어있고, 본계시 인민정부가 이 돌을 세웠다고 했다. 환인은 요녕성에 속하는 만족자치현인데, 본계시 인민정부가 관리하는 모양이다. 중요한 것은 1988년 이전에는 이 지역 유적의 가치를 아는 사람이 별로 없었다는 사실일 것이다.

내가 이 상고성자묘군을 탐색하러 걸어 들어가고 있다. 팻말 뒷쪽으로 무덤들이 널려져 있었다. 아래 사진은 고구려성이 있었던 하고성자 지역의 모습을 조망한 것이다. 고구려 도읍지의 평지성은 하고성자 지역에도 상고성자 지역에도 다 같이 있어 연계되어 있었을 것이다. 환인 지역은 결코 주몽과 유리가 잠시 머문 지역이 아니다. 혼강은 압록강으로 연결되고 황해·발해로 연결된다. 교통요지로서 동북 전체와 연결되어 있었다. 이때 이미 고구려는 연노부涓奴部·절노부絶奴部·순노부順奴部·관노부灌奴部·계루부桂婁部 5부의 행정조직을 가지고 있었다.

그 유명한 『삼국지』 「고구려전」(세칭 「위지동이전」이라 부르는 것)에 이런 말이 있다: "사람이 죽으면 후장을 하는데 금은의 재폐財幣를 사자를 저승에 보내는 데 진량 쓴다. 돌을 쌓아 봉분을 만들고 주변에 소나무·잣나무를 열을 맞추어 심는다. 厚葬, 金銀財幣, 盡於送死, 積石爲封, 列種松柏." 고문헌에서 "적석위봉"이라 한 말의 실례를 쳐다보는 나의 심정은 어떠했을까? 역사기술의 실제적 근거를 찾는 작업은 문헌사학의 관념성이 제공하지 못하는 특별한 감회를 전한다. 이 돌무덤을 보면, 네모나게 자른 거대한 방형 석재가 한 층의 기단을 형성하고 있고 그 위에 쌓인 돌은 냇갈에 있는 마모된 자연석재이다. 여기서 생기는 질문은 이런 것이다. 적석묘가 과연 깎은 돌로 이루어진 계단식 피라미드였을까? 그냥 자연스러운 모양의 돌들을 수북이 쌓아놓은 것이었을까? 이 무덤은 후자의 양식을 보여주는데 비교적 초기형태에 속하는 적석묘임이 분명하다. "금은재폐財幣"라는 말은 고구려에 이미 화폐가 유통되었음을 말해준다. 고구려는 과하마果下馬라는 짐을 잘 나르는 작은 말이 특산품에 속했는데, 이 무덤까지 돌을 나르는데 말들과 인부가 동원되었고 화폐를 진량 소비했음을 말해준다. 앞에 있는 잡초 "개똥쑥"은 조선족사람들이 술의 향료로 쓴다.

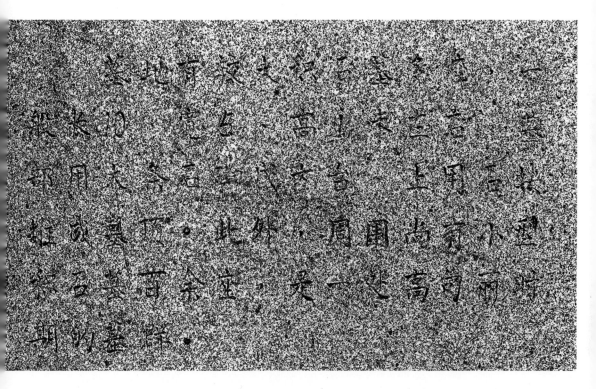

들어가는 입구 왼편에 서있는 비석에는 "상고성자군上古城子郡 고구려고묘군高句麗古墓群 ― 공원公元 2004년 7월 1일 입立"이라 되어있다. 오른쪽 돌비석 후면의 글씨는 다음과 같다: "墓地有較大積石墓多座, 一般長10、寬5、高1米左右, 基部用大條石砌成方臺, 上用石塊堆成墓頂。 此外, 周圍尚有小型積石墓百餘座, 是一處高句麗時期的墓群。 이 묘지에는 비교적 큰 적석묘가 여러 좌座가 있는데 대체적으로 길이 10m, 너비 5m, 높이 1m 정도이다. 기부에는 큰 기단석을 사용하여 네모난 방대方臺를 형성하였다. 그 위에 시신을 놓고 그 위에 석괴를 사용하여 묘정墓頂까지 피라미드식으로 사용하여 쌓아올렸다. 이 외로도 주변에 소형의 적석묘 100여 좌가 있다. 이 무덤떼는 확실히 고구려 시기의 묘군이다."

『삼국지』「고구려전」에 나오는 "적석위봉積石爲封"이라는 말은 이미 『후한서』「고구려전」에 나온다. 「위지동이전」은 『후한서』의 기록을 베낀 것이다. 『후한서』에는 결혼을 하고 애를 낳고 서옥으로부터 본가로 돌아오면서부터는 곧 장례에 쓸 물건들을 준비한다고 되어있다. 후장에 금은재폐를 다 쓴다는 말도 같고 송백을 심는다는 말도 같다. 그리고 또 말한다: "고구려인들의 성품은 사납고 급하며, 기력이 있다. 전투를 평소 생활에서 익히며 노략질하는 것도 서슴치 않는다. 옥저와 동예가 다 고구려에 속해있다.其人性凶急, 有氣力, 習戰鬪, 好寇鈔。 沃沮·東濊皆屬焉。" 고구려가 이미 주변의 고조선열국을 복속시킨 강대한 국가임을 말해주고 있다. 그리고 『후한서』에 또 이런 말이 있다. "동이東夷들에게서 서로 전해오는 말에 의하면 고구려는 부여夫餘의 별종이라고 한다. 고구려와 부여는 언어와 생활법도나 법규가 대개 같다. 東夷相傳以爲夫餘別種, 故言語法則多同。" 고조선―부여―고구려의 문화적 연속성을 잘 나타내고 있다. 고조선도 단군신화가 말해주듯이 단군을 환웅(하늘)의 아들로서 받들었다. 부여의 건국자도 하늘의 기를 받고 태어났고, 고구려의 주몽도 천제의 아들이었다. 이 적석묘는 혼이 하늘로 돌아가기 위한 필연적 장치였다. 이 상고성자 무덤떼만 해도 주변에 100여 기가 있었다 하고, 환인댐에 묻힌 무덤떼만 해도 700여 기에 이른다는 것을 보면, 이러한 무덤의 양식이 반드시 왕후장상에게만 해당되는 것은 아니었다. 돈만 있으면 누구든지 할 수 있었던 고구려문화였다는 것이 고문헌기록으로 입증된다.

『후한서』나 『삼국지』의 기록을 보면, 부여와 고구려의 연속성, 그리고 양자의 언어, 생활풍속의 유사성을 말하면서도 "적석위봉積石爲封"의 특질을 고구려에 한정시키고 있다. 다시 말해서 동이東夷의 습관 중에서도 고구려만의 특징으로서 적석위봉을 말하고 있는 것이다. 고서의 기록이 함부로 된 이야기가 아님을 알 수 있다. 그 문명의 특징을 정밀하게 묘사하고 있는 것이다.

『후한서』에 부여국을 말하면서 현도 북쪽 천 리에 있으며, 남으로는 고구려와, 동으로는 읍루와, 서로는 선비와 접한다 했다. 북으로는 약수弱水가 있으며 영토는 4방 2천 리이며 본시 예濊의 땅이었다고 했다. 현도는 요하 서부 유역이고 읍루는 연해주 지역이고, 선비는 내륙 쪽이다. 그러니까 만주 전역을 지배하는 강대국으로서 고조선을 계승한 주축이었다. 주몽은 이 북부여에서 내려와 비류수 지역의 졸본부여를 통합하여 새로운 역사의 물줄기를 형성하였던 것이다. 지금 여기 세 개의 무덤이 연이어 보인다. 이들은 주몽의 대업에 참여한 그의 친구들이었을지도 모른다.

내가 서있는 그 뒷쪽으로도 작은 적석총이 있다. 그리고 사진기를 들이대고 있는 돌무덤은 상당히 거대한 것이다. 이 양자
사이에 또 하나의 돌무덤이 있다.

이것도 대형에 속하는 적석총이다. 뒷 숲속에 있는 사람들의 모습과 비교하면
그 크기가 얼마나 되는 것인지 연상해볼 수 있다.

이것도 두 개의 돌무덤이 아니라 하나의 돌무덤이다. 상당한 대형적석묘에 속한다. 돌무지가 오래되면서 무너지기도 했겠지만, 사람들이 집짓는 석재 등으로 생각없이 분해, 훼손시킨 결과이다. 그들 중국인에게는 고구려는 아무런 의미체가 아니었다.

비교적 작은 돌무덤. "금은재폐"가 부족했을까?

고구려기행을 하다
보면 지나치는 돌무
지가 다 고묘古墓로
보이기 시작한다. 그
많은 석재를 어디서
구했는지, 하여튼 고
구려인들은 돌을 깎
고, 운반하고, 쌓는데
천재적인 역량을 발
휘했다. 서양의 다양
한 고문명의 석재문
화와도 모종의 연속
성을 과시한다. 단지
고구려인들은 삶의
터전은 돌로 만들지
않았다. 돌집은 결코
삶의 방편성에 부합
하질 않았던 것이다. 그래서 석조건물의 유적이 별로 남질 않았다. 목조건물은 천지의 객형客形으로서 세월과 더불어 스러져갔다.

위에 있는 네모반듯한 대형무덤 옆에 같은 싸이즈의 배추밭이 있는데, 그 배추밭자리야말로 또 하나의 돌무덤자리였을 것이다. 그런데 그곳은 지금 죽음의 자리가 아닌 생명의 자리이다. 갑자기 희랍철학자 헤라클레이토스의 말이 생각난다: "죽지 않는 자들은 죽는 자들이고, 죽는 자들은 죽지 않은 자들이다. 양자는 서로의 죽음을 살고, 서로의 삶을 죽는다.Immortals are mortal, mortals are immortal: each lives the death of the other, and dies their life."(딜즈 크란츠 파편 Fr.62). 이해하기 어려운 말인데 피타고라스적인 윤회를 나타내는 말로 흔히 해석되었다. 삶 속에 죽음이 있고 죽음 속에 삶이 있는 것이다. 그 양자에 일관되어 있는 것은 헤라클레이토스에게는 "불Fire"이었다. 조선의 민중이여! 고구려를 생각하면서 영혼의 불을 지피자!

환인에서 꼭 찾아가보고 싶은 무덤이 하나 있었다. 오녀산박물관 그리고 심양의 요녕성박물관에 그 내부 모형이 잘 진열되어 있는, 미창구米倉溝 장군묘將軍墓라는 둘레가 150m나 되는 거대한 분묘였다.

제8대 신대왕新大王은 인자한 인물이었는데, 잔인하고 포악하여 백성들에게 시해당한 형, 제7대 차대왕次大王 뒤를 이어 중앙집권적 지배체제를 정비하는 훌륭한 정치를 했다. 그가 죽자 국인들이 장자였던 발기拔奇가 불초하다는 이유로 제2자였던 이이모伊夷謨를 옹립하여 왕으로 삼았다. 이이모가 바로 제9대 고국천왕故國川王이다. 고국천왕은 재위 19년만에 죽는다. 그런데 왕에게는 후사가 없었다. 고국천왕이 죽었을 때, 그의 부인(왕후) 우씨于氏는 고국천왕이 죽었다는 사실을 숨기고 먼저 그날 밤으로 고국천왕의 형인 발기의 집으로 찾아가 이와 같이 말한다: "왕이 후사가 없으니 그대가 계승하라!"

왕이 죽었다는 소식을 듣지도 못한 상태에서 대짜고짜 왕위를 계승하라는 제수의 말을 들으니 발기는 황당했다. 그래서 발기는 다음과 같이 말한다: "하늘의 역수曆數가 돌아가는 이치가 있는데 갑자기 뭔 말인가? 그런 것은 가벼이 논할 수 없다. 하물며 부인이 밤에 나와 쏴다니니 어찌 예라 할 수 있겠느뇨?"

발기의 태도는 매우 정당한 것이다. 그 발기의 말을 들은 왕후 우씨는 부끄러움을 참을 수 없었다. 그래서 고국천왕의 아우(물론 발기의 친동생이기도 하다) 연우延優를 찾아갔다. 연우는 부드러운 성격의 소유자라, 의관을 갖추고 문에서 맞이하여 안으로 들어와 주연을 베풀었다. 왕후 우씨는 부드러운 분위기 속에서 연우에게 털어놓았다: "오늘 왕이 돌아가셨습니다. 후사가 없어

"미창구장군묘米倉溝將軍墓"는 실로 그 단순하면서도 화려한 모습이 정갈하기 그지없다. 겉으로 보면 거대한 봉토퇴封土堆이지만 그 속에는 장방형 석재로 쌓은 전실과 이음길, 현실이 있다. 전실에 해당되는 부분은 양쪽에 곁방이 감실처럼 조성되어있다. 곁방에 "왕王"자 문양이 집중적으로 나타난다. 이 무덤은 1992년에나 뒤늦게 발굴조사된 것이다. 전호태 교수는 이것이 고구려의 첫 수도에서 조성된 대형고분이라는 측면에서 이것이 5세기에 개축된 동명성왕묘 가능성이 높다고 보고 있다. 의미있는 설이나 민간에서는 이 분묘를 발기와 관련지어왔다. 이 사진은 요녕성박물관 모델인데 현실사진이다. 아래에 두 개의 돌관대가 놓여있고, 천정은 4단의 평행고임구조이다.

137
미창구 장군묘

미창구무덤 내부 전체를 매우 잘 보여준다. 이 모델은 요녕성박물관에도, 오녀산박물관에도 있는데 요녕성 것이 훨씬 더 정교하다. 사진도 박물관 도움을 받아 정교하게 찍을 수 있었다. 곁방 안쪽벽에 수직으로 얼룩진 무늬가 보이는데 그 무늬가 문제시되는 왕王자 무늬이다. 도면은 전호태 지음 『고구려 고분벽화 연구』(사계절, 2000)의 것을 참고했다. 전호태 교수의 책은 고구려 고분벽화에 관한 매우 포괄적인 연구업적이다.

발기가 어른인지라 그에게 가서 뒤를 이으라고 말했는데, 도리어 나보고 이심異心이 있다하며 포악무례하게 굴었습니다. 그래서 제가 아제님을 뵈러 온 것입니다."

연우는 예를 더하여 친히 칼을 잡고 고기를 베다가 그의 손가락을 다치었다. 그러나 형수가 허리띠를 풀어 그의 손가락을 싸매 주었다. 그리고 속삭였다: "밤이 깊어 연고가 있을까 염려되니 날 궁까지 바래다주오." 왕후는 연우의 손을 잡고 궁으로 돌아갔다.

이튿날 질명質明에 거짓으로 선왕의 유명遺命이라 꾸며 군신으로 하여금 연우를 세워 왕으로 삼게하니, 이가 곧 산상왕山上王이다.

발기는 이 상황을 전해 듣고 너무 화가 났다. 발기는 실상 정당했던 것이다. 그리고 궁문 앞에서 크게 외쳤다: "너는 순차를 뛰어넘어 왕위를 찬탈했으니 대역죄인이다! 속히 나오라, 그렇지 않으면 처자에까지 주급誅及하리라!" 연우는 3일동안 궁문을 닫고 움직이지 않았다. 발기는 변란이 생긴 것을 알고, 처자를 데리고 요동으로 달아났다. 그리고 요동태수 공손도公孫度에게 고구려를 징벌할 것을 요청한다. 아우 연우가 형수 우씨와 공모하여 천륜의 의天倫之義를 저버렸으니 징벌해야 마땅하다 하고 군사 3만을 빌려달라고 요청한다.

고구려와 원한이 있었던 요동태수 공손도는 이에 청종聽從하였다. 그런데 산상왕 연우는 아우 계수罽須를 시켜 군사를 이끌고 막게 한다. 이미 고구려는 의욕이 없는 요동군 3만에게 흔들릴 그런 나라가 아니었다. 발기가 이끈

한병漢兵은 대패하고 만다. 계수는 친히 선봉이 되어 패배한 잔병을 계속 쫓았다. 발기가 뒤돌아 계수에게 소리친다: "네 이놈! 네가 지금 이 늙은 형을 죽이려 하느뇨?"

계수는 생각이 깊은 동생인지라 형제지간의 정을 생각하며 감히 해할 생각을 하지 못하였다. 그리고 외친다: "형님! 연우가 나라를 사양치 않은 것은 의義가 아니옵니다. 그러나 형님께서 일시의 분을 삭히지 못하고 외세의 군대를 빌어 종국宗國을 멸하려함은 그 무슨 망령된 생각이오니이까? 이 몸이 스러진 후에 무슨 면목으로 선왕들을 뵈오려 하오니이까?"

발기는 이 어린동생의 말을 듣고 참회를 이기지 못하여 배천裵川으로 달아나 자기 손으로 목을 찔러 죽었다. 참으로 비운의 사나이라 하겠다. 동생 계수는 슬피 울며, 형님의 시체를 거두어 정중하게 초장草葬한 후 돌아왔다.

한편 산상왕은 일비일희一悲一喜로 계수를 내전으로 맞이하여 형제의 예를 다한 연회를 베풀었다. 그런데 계수가 너무도 슬픈 표정을 짓고 앉아있자, 산상왕은 소리친다: "발기가 외국에 청병하여 제 나라를 침범하였으니 그 죄가 막중하다. 그대가 그를 쳐 이기고도 죽이지 아니하였으니 그대는 이미 은혜를 베푼 것이다. 그것으로 족하거늘 발기가 자살하자 그리 슬피 울며 속으로는 나보고 무도無道하다고 생각하느뇨?"

그러자 계수는 추연愀然히 눈물을 머금으면서 대답한다: "신臣은 한 말씀 사뢰옵고 죽기를 청하오니이다."
왕이 무엇이냐 묻는다.

계수가 말한다: "왕후가 비록 선왕의 유명遺命을 가지고 대왕을 세웠다 할지라도 대왕이 예로써 사양치 아니한 것은 형제우공兄弟友恭의 예에 어긋난 일입니다. 신은 대왕의 미덕을 나타내기 위하여 그 시체를 거두어 초빈草殯한 것인데 이로 인하여 대왕의 노하심을 초래할 줄은 꿈에도 생각치 못하였나이다. 만일 대왕이 인仁한 마음으로 큰형의 잘못을 잊으시고, 큰형님의 상례를 후하게 치른다면 누가 대왕을 불의不義하다 하겠습니까? 신이 이미 말씀을 사뢰었으니 비록 죽어도 산 것이나 마찬가지오니 청컨대 나아가 유사有司에게 죽음의 형벌을 받게 하옵소서."

왕은 이 동생의 말을 듣고 앞으로 자리를 내려앉으며 온화한 얼굴로 동생을 위로해 말한다: "내가 불초하여 미혹됨이 없지 않았다. 이제 그대의 말을 들으니 진실로 나의 허물을 알겠노라. 원컨대 그대는 자기를 책망하지 말라."

계수가 일어나 절하니 왕 또한 같이 맞절하고 둘이 껴안으며 엉엉울고 즐거웁게 논 후에 파하였다. 9월에 왕이 유사에게 명하여 장형 발기의 상례를 엄숙히 받들고, 왕례王禮로써 배령裴嶺에 장사하게 하였다.

그 얼마나 아름다운 이야기인가? 고구려인의 기질을 잘 말해주는, 아니, 우리 한국사람에게 뿌리박힌 내면의 기질을 잘 표현해주는 일화라고 할 것이다. 셰익스피어의 드라마에나 나올 법한 이 기구한 사연은 내가 꾸며 한 이야기가 아니다. 정사인 『삼국사기』에 매우 자세히 수록되어 있다. 발기, 연우, 계수 이 삼형제는 본시 우애가 있는 인물들이었다. 결국 우씨 부인이 왕후자리를 놓기가 싫어 꾸민 일들이 이 형제간의 비극을 초래한 것이다. 연우는 결국 형의 부인 우씨를 왕후로 세웠다. 이 연우의 핏줄에서 고국양왕, 광개토

왕, 장수왕과 같은 위대한 인물들이 배출되었으니 역사의 우회를 탓할 것만
도 아니다.

그런데 미창구 장군묘가 발기의 무덤일 수도 있다는 이야기는 계속 사람
들 사이에서 전해져 내려온 모양이다. 다행히 내가 잡은 택시의 기사가 만주
인으로 마치 마피아의 두목 같이 건장하고 머리를 싹 밀은 듬직한 사람이었
는데(팔뚝에도 만만치 않은 문신이 있었다) 미창구 장군묘를 잘 안다고 했다. 환
인시에서 혼강을 따라 남쪽으로 40분 가량을 내려갔는데 아하촌雅河村이라
는 마을에 도착하였다. 가는 도중의 시골마을이 모두 생기가 있다. 고추나
추수한 것을 널어 말리는 등, 살아있는 우리 옛 시골의 풍경들이 잔잔하게
펼쳐졌다. 아하촌에서 장예모의『홍까오리앙』의 장면들을 연상케 하는 옥수
수밭 사이로 주욱 걸어올라가니 정면에 웅장한 구릉이 나타난다. 거대한 봉
토석광묘封土石壙墓(돌방흙무덤)인 것이다.

그런데『삼국사기』의 기록에 나오는, 발기가 참회(부끄러움)를 못이기고 자
수自手로 목을 찔러 자결하였다는 지점인 배천裴川을 바로 이 무덤을 빙 둘러
흐르고 있는 아하雅河로 비정한다면 이 무덤의 주인공에 대한 추론이 가능
할 수도 있을 것 같다. 아하雅河는 혼강渾江의 지류이고 배천裴川이란 혼강의
옛 이름인 비류수와 상통하기 때문이다. 산상왕이 자기 형 발기의 장례를 배
령에서 왕의 예로써 치루었다고 했는데, 재미있는 사실은 이 미창구 돌방의
한 방이 "왕王"자로 벽 전체가 장식되어 있다는 것과 모종의 상관성을 암시
할 수 있다는 생각을 하게 한다. 하여튼 미창구 장군묘는 환인 지역에 남아
있는 유일한 대형 고구려 벽화무덤이다.

나는 저 앞에 가는 택시 안에 타고 있었다. 미창구로 가는 길에 경유하는 마을의 정경이 너무도 정겨웠다. 대문 깐 지방에 옥수수, 고추가 널려있고 황소가 게으른 울음을 우는 광경이 너무도 어린 시절의 추억을 자아냈다. 이 마을은 정확하게 말하자면 요녕성 환인 만족자치현 아하조선족향雅河朝鮮族鄉 미창구촌米倉溝村이라는 곳이다. 그러니까 이 "아하雅河"라는 지명이 옛 고구려말 같이도 들리는데 예로부터 조선인이 많이 살았던 곳 이었다. 윤세복 선생이 최초의 조선인학교 동창학교東昌學校를 세운 곳도 이 근처였을 것이다. 신채호 선생도 윤세복의 초청으로 이곳에 와서 조선학생들을 가르치다가 고대사에 새로운 눈을 뜨게 되었던 것이다. 나 역시 연변대학 교수로 왔다가 우리고대사에 새로운 인식의 지평을 열게된 것이다. 가자! 가자! 장군묘로!

우리나라 황소와 똑같이 생긴 듬직한 황소 두 마리가 갓 수확한 옥수수를 실어나르고 있다. 그런데
할아버지, 아들, 손자 삼대가 같이 가고 있는 것이 돋보인다. 아직 중국농촌은 살아있는 것이다.
다시 말해서 3대의 연속성이 엄존하는 생명체계인 것이다. 과연 이들이 이렇게 어렵게 나르고
있는 옥수수가 이들의 생계를 보장할 것인가? 도시의 유혹에 중국의 농촌도 날로 붕괴만 되어가고
있다. 할아버지의 얼굴은 지쳐있고, 손자의 얼굴은 희망에 차있고, 아버지의 얼굴은 덤덤하다.
무언가 중국사회 변천상을 나타내고 있는 듯 하다.

147

미창구 장군묘

내가 만주인 운전사가 아주 자신있게 차를 몰길래, "당신 정말 미창구무덤이 어디 있는지 알고 가는 거야?" 라고 물었더니, 그는 이런 말을 했다: "삐쯔시아여우쮀이鼻子下有嘴." "코 밑에 입이 있다"는 말인데 과연 이것 뭔 뜻인가? 코 밑에 입이 있는데 뭘 걱정하느냐, 이것은 곧 길이라는 것은 입이 있으니 사람들에게 물어가면 된다는 것이다. "코 밑에 곧 길이 있다鼻子底下就是路"라는 말과 겹쳐있는 이 숙어는 할머니가 손자를 타이르는 고사에서 유래되었다고 한다. 천하의 길은 누구도 사유할 수 없는 것이다. 물어 가면 되는 것이다. 인생의 길도 물어 가면 되는 것이다. 자기의 독선으로 선택해서는 아니 된다. "코 밑에 입이 있다"는 이 한마디가 이토록 많은 예지를 담고있다는 것은 신비롭다. 언어는 그 언어를 만들어간 인간들의 삶의 체험에서 구성되는 것이래서 하찮은 관용구 하나라도 짙은 문화적 특성을 보지하는 것이다.

미창구 장군묘

돌담을 에두르는 골목길 따라 옹기종기 모여사는 이 미창구 마을은 원래 조선족 마을이었지만 지금은 조선족 사람들은 거의 살고있지 않다. "미창구米倉溝"라는 동네이름에서 알 수 있듯이, "구溝"는 우리나라 "리里"나 "동洞"처럼 그냥 붙는 말이고 "미창米倉"이란 쌀창고를 뜻하니깐 이곳은 쌀의 집산지였을 것이다. 조선인들이 사는 곳은 반드시 쌀농사를 짓는다. 그러나 지금 이 동네사람들은 "옥수수"농사를 전업으로 한다. 주식이 쌀이 아닌 것이다. 쌀농사는 고도의 지혜와 간고의 노력을 필요로 하지만 수수재배는 일손이 적게 드는 편이다.

151

미창구 장군묘

장예모가 세계적으로 유명하게 된 영화가 『홍까오리앙紅高粱』(붉은 수수밭, 88년 베를린국제영화제 황금곰상)이라는 작품이다. 꽁 리鞏俐와 지앙 원姜文이 열연하는 그 박력과 신비로운 색채는 정말 충격이었다. 나는 그 영화를 일본의 작은 영화관에서 토오다이東京大 교수 친구들과 함께 보았다. 그리고 중국이 문화창조의 충동이 잠자고 있는 문명이 더 이상 아니라는 것을 자각했다. 그 영화의 장면을 연상케 하는 너무도 아름다운 모습이 여기저기 펼쳐졌으나 카메라에 다 담을 수 없는 것이 한스럽다.

157
미창구 장군묘

미창구촌 주변의 산세가 은은하고 심오하다. 무심하게 대지와 씨름하는 엄마의 지성무식至誠無息, 굽은 엄마의 등허리와 저 산 능선은 하나되어 쉼없이 흐른다. 고구려의 생명력은 바로 이런 숨결 속에 배어있었다.

155

미창구 장군묘

집집마다 있는 다락식창고. 『삼국지』「고구려전」에 나오는 "부경桴京"의 실례
이다. 통풍이 잘되어 곰팡이가 슬지 않는다. 고구려인들은 깨끗한 것을 좋아한
다고 했다. 깔끔하게 집을 정리해놓고 살았던 모양이다.

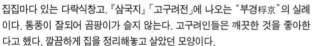

동네 할아버지의 여유롭고 인자한 모습. 발기가 살았던 시대를 연상하니 고국천왕을
도와 태평성세를 이룩한 명재상 을파소乙巴素가 생각났다. 을파소의 명판결을 말해
주는 묘사총描蛇塚의 고사는 민담으로 널리 알려져 있다.

동네를 지나가는데 갑자기 돼지가 우리를 뛰쳐나왔다. 아주 건장한 놈인데 동네를 휘젓고 다닌다. 돼지 주인이 컨트롤할 수가 없었다. 그런데 고구려역사에는 우리를 뛰쳐나온 돼지와 관련된 고사가 많다. 제2대 유리왕 21년(AD2년?) 하늘에 제사지내기 위한 특별한 돼지(교시郊豕)가 우리를 뛰쳐나와 도망갔다. 이 돼지를 신하들이 쫓아가다가 새로운 도읍지가 될 만한 국내성 자리를 발견하게 된다. 다음해 유리왕 22년 국도를 국내성으로 옮겼다.

또 하나의 이야기는 바로 발기를 자결케 만든 산상왕山上王(=연우延優)과 관련된 고사이다. 산상왕은 형의 부인 우후于后를 아내로 삼았는데 후사가 없었다. 산상왕 12년, 왕은 꿈에서 후사가 생기리라는 천신의 예언을 듣는다. 그 후 제천용 돼지가 또 우리를 박차고 달아났다. 관리가 그 돼지를 쫓아 주통촌酒桶村에 이르렀는데 아무도 돼지를 제어할 수 없었다. 그런데 20세밖에 안되는 곱고 예쁜 여인 앞에서 이 돼지가 꼼짝을 하지 않았다. 왕이 이 말을 듣고 미행하여 몰래 그녀의 처소로 든다. 그 여인은 왕의 청을 거절치 못하였으나 아기가 생길 경우, 아기를 후사로 보호할 것을 확약받고서나 몸을 내준다. 나중에 우씨 부인이 알고 주통촌 여인을 해하려고 온갖 계책을 썼으나 이 여인은 위난을 극복하고 결국 왕후가 된다. 그리고 산상왕은 아들을 얻은 후 환도성으로 천도를 감행한다. 이 "돼지를 제어한 여인"의 혈통에서 고국원왕, 소수림왕, 광개토왕, 장수왕이 태어났다. 돼지가 우리를 박차고 나오면 새 운이 터진다. 젊은이들이여! 우리를 박차고 나와라! 새 역사를 개창하라!

미창구 장군묘

낯익은 듯한 미창구촌의 광경. 수려한 풍수의
지세가 천고풍류인물千古風流人物의 맥을 머금고
있는 듯한 느낌을 발하고 있다.

미창구 장군묘

도올의 중국일기_2

옥수수밭 사잇길로 보이는 저기 저 구릉이 바로 미창구장군묘이다. 사실 이 묘를 찾는 관광객은 거의 없다. 특수전문가 중에서도 벽화전문가들만 이곳을 찾을 것이다. 동명성왕묘라는 설부터 발기의 묘라는 설까지 다양한 스펙트럼에 걸리는 이 묘는 그만큼 애매한 중간자적인 성격이 많다. 한 면으로 규정할 수 없는 다양한 성격이 복합되어 있다. 그것은 곧 고구려의 역사와 문화가 우리의 상념으로 착 맞아떨어지지 않는 신비로운 다원성을 포섭한다는 의미도 되는 것이다. 오늘 방문한 상고성자의 무덤떼와 미창구무덤 이야말로 내 인생에서 영원히 지울 수 없는 감회와 숙제를 남겨준 무궁한 영감의 원천이었다.

미창구 장군묘

무덤 밑에 표지석이 있고 그 위로 사람이 올라다닌 흙계단이 자연스럽게 조성되어 있다. 표지석 전면에는 "성급문물보호단위省級文物保護單位 미창구장군묘米倉溝將軍墓 — 요녕성인민정부 1988년 12월20일 공포公布 — 본계시인민정부립本溪市人民政府立"이라고 쓰여져 있다. 그 뒷면에는 "該墓是一座高句麗時期的大型墓葬, 有蓋頂狀封土堆。直徑45米, 周長110米左右。當地稱之爲'將軍墓,' 桓仁縣志中有記載。이 묘는 하나의 고구려시기의 대형무덤이다. 개정상蓋頂狀이 있는 봉토퇴이다. 직경이 45m, 둘레 길이가 110m 정도에 이른다. 이 현지의 사람들은 오랫동안 이 묘를 '장군묘'라고 불러왔다. 『환인현지』에도 이 묘에 관한 기재가 있다."

이 무덤이 보호유적으로 지정된 것이 1988년이었는데 발굴은 그 뒤 4년 후에나 이루어진 것이다. 이미 옛날에 도굴되었다고 보아야 할 것이나, 벽화가 남아있어 그 중요성이 주목되기에 이르렀다.

무덤 정상에서 아하雅河를 내려다본다.

무덤 꼭대기에 오르다.

왕의 무덤을 싸이즈로만 이야기할 수는 없다. 이 속에 있는 석실의 규모는 결코 작은 규모
가 아니다. 『삼국사기』 고국천왕조에 보면 국인國人들이 장자 발기拔奇의 불초함을 이유
로 그 동생 이이모(=고국천왕)를 왕으로 추대했다는 이야기가 있다. 그때 발기는 소노가消
奴加와 더불어 하호下戶 3만여 명을 데리고 공손강公孫康에게 투항하였다는 이야기가 ↗

실려있다. 소노가는 연노가涓奴加라고도 쓰는데 연노부의 족장을 가리킨다. 연노부는 고구려의 최정통 부족이었다. 그러니까 발기는 단순한 개인이 아니라 3만여 명이 순식간에 집을 버리고 따를 수 있는 정도의 대족장이었다. 이 무덤에 왕王 자가 새겨져 있는 것, 그리고 산상왕이 발기를 "왕례로 장사하였다以王禮葬於裴嶺"는 기록으로 보아 이 무덤이 발기의 것이라면 발기를 주축으로 하는 이 지역세력의 정당한 근거가 여기에 뿌리박고 있었을 것이다. 부장품이 일찍 도굴된 것이 가장 가슴아픈 일이다.

무덤 내부의 구조를 잘 보여준다. 두 개의 돌관대 왼쪽으로 용도甬道
(이음길)가 있고 그 용도 양옆으로 측실이 있다.

미창구 장군묘

그 측실을 입구쪽에서 본 것이다. 측실 내부 세 벽에 꼭 도배지 같은 문양이 있는데 그 문양 하나하나에 왕王 자가 그려져 있다. 그런데 이런 식의 왕자王字 문양은 여기에만 특별한 것이 아니라, 남포 옥도리무덤에도 있고, 또 집안 환인산성하묘구 0332호묘에도 있다.

"형님, 아우 연우가 우후와 공모하여 왕위를 갈취한 것은 잘못된 일이지만, 어쩌자구 외세를 몰아 자국의 사직을 멸하려 하오니까?" 발기는 자기를 치러 온 동생 계수 앞에서 목 찔러 죽는다. 고 국천왕대에서 산상왕대에 이르는 이 이야기는 신대왕의 아들 4형제의 핏줄이 얽힌 슬픈 사연인데, 결국 한 여인의 농간이 지어낸 것이다. 그러나 고구려인들은 대의大義 앞에 소아小我를 억누를 줄 알았다. 발기가 목에서 피를 흘린 강이 바로 이 무덤 앞을 흘러가는 저 푸른 물결이었을 것이다.

171

미창구 장군묘

도올의 중국일기

마창구 장군묘

그런데 이 석광내부의 벽면이 뺑둘러 분홍빛 연꽃의 문양으로 완전히 덮혀 있는 양식화적 특징을 과시하고 있다. 봉토석광묘가 비교적 후대의 양식이고, 또 연꽃이라는 양식화적 장식이 불교의 영향이라는 가설을 전제로 하면, 발기의 시대가 소수림왕 시기보다 2세기가 앞선다는 사실에 비추어 이 무덤을 발기의 무덤으로 단정하기에는 여러 문제가 있다.

그러나 나는 연꽃의 장식이 반드시 불교의 영향에만 한정할 필요가 없다고 생각하며, 봉토석광의 분묘양식의 출현도 반드시 기존의 관념에 얽매여 생각할 필요만은 없다고 생각한다. 하여튼 이 분묘 주변에 고구려 무덤이 산재해 있는데, 이런 여러가지 상황과 더불어 종합적 고찰을 해보아야 할 것 같다. 발기의 후손들이 이 지역에 거주하면서 발기의 무덤을 나중에 조성했을 가능성도 생각해볼 수 있다. 고대사는 수수께끼라는 자물쇠로 채워져 있기 때문에 끊임없이 재미있는 것이다.

나는 이곳을 오면서 운전사와 재미있는 얘기를 많이 나누었다.
"이 동네를 확 잡고 있는 사람 같은데 …."
"당신 말대로 내가 이 지역을 꽉 잡고 있다면 이렇게 운전사 노릇하고 있겠소?"
"개과천선한 두목은 항상 그렇게 철저하게 자기를 낮추는 법 아닌가?"
"아까 우리 아들이 전화하는 것 들어보지 않았소?"
"아까 당신이 7살 먹은 아들에게 할머니를 화장실에 잘 모시고 가라고 당부하는 그 애틋한 정감에 감동 먹었지. 아들 잘 키우소. 큰 인물 되도록 내가 축복해주지!"

나의 제자, 자눌과 자현은 연길로 오질 못했다. 오늘 심양으로 오는 비행기를 탄다고 했다. 심양공항에서 택시를 타고 환인으로 무조건 밟으라고 했다. 그런데 우리가 미창구에 도착하는 황혼녘에 택시가 근처에 와 있다는 전화가 왔다. 그런데 그 택시 운전사가 미창구를 잘 모르는 모양이었다. 우리 만주기사가 그쪽 택시 운전사와 연락하더니 아무래도 자기가 가야 할 것 같다고 했다. 우리 만주기사가 자현과 자눌을 데리고 왔다. 우리 멤버가 온전하게 갖추어졌다. 핸드폰문화는 공간을 등거리화 시켰다. 참으로 놀라운 일이다. 제자들을 아늑한 중국의 옥수수밭 미창구에서 만나다니!

만주기사는 오후 내내 우리를 위해서 일했다. 그런데 헤어질 시간이 되었다. 얼마면 되겠냐고 했더니, 100위앤만 좀 넘게 주면 된다고 한다. 150위앤을 주었더니 매우 만족스러운 표정을 지었다. 우리나라의 못된 기사같으면 1,500위앤을 주었어도 투덜거렸을 것이다. 순박한 인정은 아직도 중국사회 저변에 남아

"삐쯔시야여우쮀이 鼻子下有嘴~"

175

우리는 새벽 5시에 혼강(비류수)을 처음 만났고 그날 오후 5시경 혼강을 떠났다. 환인을
떠나는 우리의 가슴에는 이제 저 흘승골성과 비류수가 더 이상 객화된 무생명체가 아니
었다. 역사는 결국 의미체의 집합이다. 하나의 시공의 사건에 어떠한 의미를 부여하는
가에 따라 그 이벤트는 죽기도 하고 부활하기도 한다. 혼강은 이제 나의 핏줄이 되었다.
때마침 뱃사공이 고고하게 흐름을 역류하며 석양의 훈풍을 맞이하고 있었다. 동포여!
기억하자! 한강과 더불어 혼강을! 그것이 곧 나의 실존, 나의 생명의 강이라는 것을!

있다. 그와 헤어지기가 아쉬웠으나 이름도 물어보지 못했다. 이날 밤 11시에 집안集安에 도착했다.

우리가 예약한 호텔은 홍콩성할러데이호텔香港城假日大飯店이라는 곳이었는데 매우 고급스러운 풍모를 갖추었다. 우리 숙소는 6층에 있었는데 방이 아주 널찍했다. 방 하나에 860위앤이나 하는 곳이었는데 국경절이라 한 푼도 깎지 못했다. 그런데 그렇게 비싼 호텔이었는데 히터가 들어오지 않는다. 웬 일이냐고 물으니 데스크에서 10월말까지는 히터가 없다고 당당히 말한다. 나는 이불 하나를 더 달라고 해서 두껍게 덮고 잤다. 깊은 잠을 잤다. 내가 잔 곳이 바로 그 유명한 고구려의 수도 국내성國內城(제2대 유리왕 때 천도) 동남코너였다. 나는 신화처럼 생각하던 고구려 국내성에서 꿈결속에 하룻밤을 보내었던 것이다. 나의 꿈결은 21세기의 현실과 구분이 되질 않았다. 그렇게 긴 하루가 지나갔다.

이날 우리는 새벽부터 밤늦도록 쫄쫄 굶었다. 집안으로 가는 길은 멀었다. 그러나 직선길을 택하지 않고 대로가 뚫린 통화경유의 우회로를 택했다. 통화시내로 가서 음식점을 찾으니 모두 문이 닫혔다. 산정의 길옆 음식점 만산항반장滿山香飯莊을 겨우 찾아들어갔다. 부엌에 들어가 마음대로 시킬 수 있는 곳이었다. 이날 요리는 지상의 열락이었다.

10월 4일, 토요일. 최고로 아름다운 가을 날씨

　어렸을 때, 아마도 국민학교 2·3학년 때일까? 나의 모친께서 나에게 춘원 이광수가 쓴 『동명성왕』(원 소설명은 『사랑의 동명왕』인데 나는 그냥 『동명성왕』으로 기억하고 있다. 춘원이 반민특위에 지목된 이후로 쓴 작품으로 6·25전쟁 나기 1년전, 1949년에 완성한 작품이다. 춘원의 최후작으로 기록되고 있다)이라는 소설을 읽어주셨다. 우리집 안방이 매우 컸는데, 아랫목 왼쪽 위로 천정 바로 밑에 소반이 하나 있었다. 그 소반 위에 쪼르륵 꽂혀있던 책들이 엄마의 라이브러리였다. 그 책들은 계속 바뀌었는데 『동명성왕』은 오래 꽂혀 있었다. 유리가 고생끝에 극적으로, 조각 난 칼을 찾아 아버지 주몽을 찾아가는 모습이 얼마나 대견하고 멋있었는지, 나의 동심을 끊임없이 자극했다. 이 이야기는 내가 어렸을 때는, 박기당·김종래 류의 만화소재로서도 많이 다루어졌다. 유리태자는 흑룡강성에서 이 압록강변의 환인에까지 기나긴 여행을 했던 것이다. 그리고 주몽이 서거하자 왕위를 계승했다. 그가 왕위를 계승한 곳은 바로 흘승골성-하고성자의 환인이다. 내가 어제 다녔던 곳이다.

우리가 묵은 홍콩성할러데이호텔은 나중에 알게 되었지만 국내성의 동남코너에 자리잡고 있었다. 앞에 사람들이 웅성 거리는 곳이 연변의 수상시장과 비슷한 집안 조시루市(새벽시장) 장소이다. 그 너머에 풀밭이 있고 나즈막하게 돌성벽이 보인다. 그 돌성벽이 바로 국내성이다. 그러니까 호텔의 위치는 국내성 밖에 있다.

유리는 매우 로맨틱한 성품의 소유자였던 것 같다. 그는 즉위 2년 7월에 다물후多勿侯 송양松讓의 딸을 왕비로 맞이하였다. 송양이야말로 환인지역, 그러니까 비류수 주변에 원래 존재하였던 비류국沸流國의 국왕이었다. 그러니까 주몽이 북부여에서 내려오기 이전에(案: 나는 "북부여"와 "동부여"라는 개념을 혼 동해서는 아니된다고 생각한다. 김부식은 "동부여" "북부여" "부여"라는 개념을 명료한 구분의식 없이 쓰고 있다. 『삼국사기』에서 개국설화와 관련하여 말하는 부여나 동부여 는 모두 북부여를 가리키는 것으로 보아야 할 것이다. 광개토대왕 비문에 북부여와 동 부여는 다른 개념으로 기술되어 있다. 후대의 문헌에서 말하는 부여는 대강 동부여를 지칭하는 것으로 보아야 한다) 이 지역을 장악하고 있던 토착세력이었다. 이러한 토착세력의 도움이 없이는 주몽은 새로운 국가, 고구려를 세울 수가 없었다.

주몽은 매우 슬기롭고 평화로운 방법으로 송양을 굴복시켰다. 그리고 송양은 비류국왕에서 다물후多勿侯(주몽의 한 제후)가 된 것이다. 그러나 송양의 세력은 여전히 막강했다. 그래서 유리왕도 송양의 딸을 정비로 삼은 것이다. 송양의 딸은 매우 교양 있고 지체 있는 집안의 딸이었고 미인이었다. 그리고 유리왕의 사랑을 받기에 너무도 매혹적인 성품의 소유자였다. 두 사람은 너무도 진실한 사랑을 주고받았다. 두 사람의 사랑이 너무 짙었기에 신의 질투를 받은 것 같다. 송양의 딸은 그만 결혼한 다음 해 7월에 세상을 뜨고 만다. 불과 1년만에 병으로 불귀의 객이 되고만 것이다. 여교사칠如膠似漆(정분의 끈끈함을 나타내는 말) 했던 부부의 정감이 그만 뚝 끊어지고 만 것이다.

너무 공허해진 유리왕은 고독을 이기지 못해, 홀천鶻川(현재 환인의 횡도천橫道川)의 여인 화희和姬를 계비로 삼았다. 화희도 총명미려한 여인이었고 붙임성 있는 매력적인 부인이었건만 유리왕은 그의 첫사랑, 송양의 딸을 잊을 길이 없었다. 아무리 화희가 부드러운 손길로 그를 유혹해도 하루종일 우울하게 답답한 가슴만을 움켜쥐고 있었다. 대신들은 하도 보기가 처량하고 유리왕의 건강도 걱정인지라, 그를 권유하여 사냥을 나가도록 했다. 어느 날 유리가 사냥을 나가 말을 달리는데, 흘끗 쳐다보니 한족漢族의 여인이었는데, 꼭 죽은 송양의 딸을 닮았다. 유리는 되돌아가 그녀에게 구혼하고, 그 여인을 부인으로 데리고 왔다. 그 여인의 이름은 치희雉姬였다. 유리가 치희를 데려온 후 정실인 화희는 냉방신세가 되었다. 유리는 매일 치희 곁에서 지내었고, 치희는 유리의 사랑을 독차지 하였다. 그러자 화희의 분노와 질투가 끓어올라, 치희만 보면 화희는 면전에서 욕지거리를 퍼부었다.

이러한 사랑싸움에 골머리가 안 아플 남자가 없다. 유리왕은 이 두 여인을 량곡凉谷이라는 곳에 동·서 2궁을 짓고, 화희는 동궁왕후로 봉하고 치희는

181

서궁왕후로 봉하여 각기 분립하도록 했다. 그러나 화희의 질투는 가라앉을 길이 없었다.

어느 날 유리왕은 기산箕山이라는 곳으로 사냥을 나갔다. 이 사냥은 긴 여로였기 때문에 7일동안 궁을 비워야 했다. 유리가 없는 동안 화희와 치희 간에 대규모 싸움이 붙었다. 화희는 치희의 머리끄뎅이를 붙잡고 외쳤다: "너는 그래봐야 한가漢家의 비첩婢妾년일진대 어찌 무례함이 이다지도 심하냐?"

여기 이 말들을 분석해보면 당시 고구려세력이 다민족의 연합세력이었다는 것을 알 수가 있고, 이들에게 있어서 한왕조漢王朝 계열의 사람들은 한 급이 낮은 천대의 대상이었다는 것을 알 수 있다. 고구려인들은 철저히 자신들을 우주의 중심으로 생각했으며 중원의 세력들을 변방으로 간주한 것이다. "한인지녀漢人之女"라든가 "한가비첩漢家婢妾"이라는 표현은 그러한 경멸어 pejorative로 쓰여졌다. 그러나 고구려는 이러한 세력들을 중앙에 포섭했다는 것을 의미한다. 그러나 치희의 입장에서 보자면 궁내의 모든 사람들이 화희의 편에 서있지, 한인漢人인 자기의 편에 서있질 않았다. 화희의 학대를 자기 혼자 견디어 낼 길이 막막했던 것이다.

치희는 일대 결심을 한다. 모든 짐을 꾸려 자기 한인촌漢人村 고향으로 발길을 돌렸다. 7일 후 궁에 돌아 온 유리왕은 치희가 사라진 것을 알고 말을 달려 치희의 뒤를 쫓는다. 유리는 드디어 치희를 붙잡는다. 그녀의 소매자락을 붙들고 되돌아가자고 애원하지만 치희는 이미 마음이 떠났다. 완강히 거부하며 유리가 화희和姬와 더불어 사는 길만이 나라가 평온해지는 길이라고 말한다. 사해를 평정한 고구려의 국왕, 천군만마를 통솔하는 고구려 사나이

유리이건만 가냘픈 여인의 가슴 하나를 사로잡을 수 없었다.

유리는 하는 수 없이 말머리를 돌린다. 끝내 공허한 심정으로 터덜터덜 돌아오다가 어느 나무 밑에서 쉬는데 나무에 꾀꼬리 두 마리가 서로 입을 맞추며 노래하고 있다. 유리는 그 광경을 보고 시를 읊는다(노래 부른다).

翩翩黃鳥
雌雄相依
念我之獨
誰其與歸

꾀꼬리 하늘하늘
날개를 나부끼며
암새, 숫새
서로 의지하며 즐겁게 노네
이 몸 홀로
서름만 깊어
누구와 더불어
어디로 돌아갈꼬

이 노래가 고구려말로 어떻게 불리었을지는 모르지만, 이것은 고구려인이 우리민족에게 남긴 천고절창千古絶唱의 애정시이다. 비록 매우 짧막하지만 유리의 애절한 심정이 매우 진실하게 드러나 있는, 기마민족의 씩씩한 기상과 함께 그들의 단순하고도 담박한 감정이 노출되어 있는 위대한 문학이라 해야 할 것이다.

그런데 이 유리왕이 환인지역에서 지금의 집안지역으로 천도를 감행하게 된데는 다음과 같은 재미있는 고사가 있다. 천도의 정황을 살펴본다면, BC 37년에 추모왕이 바로 흘승골성에 건국하고 유리가 재위 22년째 AD 4년에 집안 국내성으로 천도했으므로 고구려는 흘승골성에 41년간 머문 셈이다(이러한 문헌적 설정의 불가능성은 이미 충분히 토의되었다. 그러나 나는 일기를 써나가는 과정에서는 기존의 문헌정보를 일단 존중하였다. 그리고 나 도올의 고대사에 대한 깨달음도 점차적인 과정을 밟은 것이다. 이 『일기』의 집필과정에는 논리적으로 모순되는 깨달음의 층차가 겹치어 나타날 수도 있다. 독자들에게 내가 전달하고자 하는 것은 논리가 아닌 통찰이다).

최초의 국도에서 41년간 머물렀다는 소리가 되는데, 지금 남아있는 흘승골성과 그 주변의 유적의 규모로 보아 그것이 41년 동안만 사용하고 버려진 것으로 볼 수는 없다. 흘승골성에서 국내성–환도성으로 천도했다고 할지라도 흘승골성은 여전히 중요한 전략적 기지로서 활용되고 팽창되었음을 알 수 있다. 집안으로의 천도는 국가의 비대화와 국제정세의 변화에 따른 일종의 확장이었을 것이다. 집안集安("집안"이라는 명칭도 우리역사를 기술하는데는 부적합한 명칭이다. 현재의 지명을 나타내는 약속으로서 사용할 뿐이다)은 진실로 고구려대제국의 수도가 되기에 여러가지 전략적 가치와 풍요로운 하부구조의 토대를 지닌 위대한 중심이었다.

유리왕 19년 8월에 사람들을 데리고 용산龍山 기슭에 와서 조상과 아버지 주몽에게 제사를 지내었다. 그런데 제사를 지내기 위해 제물로 마련된 흰돼지白猪가 돌연히 목줄을 끊고 달아났다. 이에 유리는 유사 탁리托利와 사비斯卑에게 그 돼지를 쫓을 것을 명한다. 이 둘은 죽을 힘을 다해 돼지 꽁무니를 쫓아 갔는데 장옥택長屋澤이라는 곳에 이르러서야 비로소 이 돼지를 잡을 수 있었다. 이들은 너무 고생을 했고, 또 돼지가 다시 도망할 것을 염려하여 그 돼지 뒷발의 인대를 칼로 끊어버렸고, 돼지를 장대에 묶어서 어깨에 메고 돌아왔다. 왕이 돼지를 보자 피흘리고 다친 모습인지라, "제천祭天할 희생犧牲을 어찌 이렇게 상하게 했느냐"하고 물었다.

심문 끝에 그 불길함을 걱정하여, 두 사람을 항중坑中에 넣어 생매장시켜 버렸다. 그런데 한 달 후에 왕은 괴이한 병에 걸렸다. 골치가 빠개지듯 아프고, 계속 악몽에 시달렸다. 그래서 무의巫医에게 진찰케 하니 무의가 이것은 탁리와 사비 두 사람이 준 병이라고 했다. 무의는 왕에게 제물을 받들고 그들이 죽은 곳에 가서 친히 사과하는 기도를 올리면 그 병이 나을 것이라고 했다. 왕이 친히 사과의 제사를 올렸다. 병이 즉각 나았다.

상당히 건국초기의 건강함을 나타내는 고사라 할 것이다. 신에게 드리는 희생을 상처나게 한 것은 진실로 잘못된 일이다. 그만큼 고구려인들의 관념 속에는 천손으로서의 자기 존재의 근원이 하늘에 있다는 생각을 항상 염두에 두고 있다. 따라서 제천의 희생도 인간보다 격이 높다고 생각했던 것이다. 그래서 유리왕은 가차없이 제물을 손상시킨 두 사람을 죽였다. 그러나 어떤 경우에도 제물의 상처로 인해 사람을 죽인다는 것은 잘못된 생각이다.

더구나 이 두 사람에게는 악한 의도가 없었다. 왕명을 충실하게 따랐고 단지 다시 데려오는 과정에서의 어려움 때문에 각근脚筋을 끊은 것이다. 그 행위가 자신들의 죽음을 초래하리라고는 꿈에도 생각치 못했을 것이다. 그들은 억울하게 죽어갔다. 유리왕이 아팠다는 것은 그 억울함이 전달되었다는 것을 의미한다. 이 상황을 역전시키는 중개자는 "무巫"다. 무는 상당히 합리적인 사유의 소유자이다. 그는 왕이 죽은 두 사람에게 사죄하는 수밖에 없다고 생각한 것이다. 병의 근원을 정확히 파악했던 것이다. 오늘날 대부분의 내과의사나 정신과의사보다 더 바른 진단을 내린 것이다. 그 진단은 신본주의theocentrism와 인본주의anthropocentrism의 역전을 의미하는 것이었다.

그 다음 해(20년)에 맏아들 태자 도절都切이 죽는 슬픔을 당한다. 아마도 그러한 연고도 있고 해서인지 유리는 그 다음해(21년) 3월에 대규모 인원을 대동하고 용산龍山에 가서 아버지에게 대제를 다시 올린다. 그런데 요번에도 또다시 묶여있던 제물용의 백돼지가 끈을 풀고 달아났다. 이 동네의 백돼지는 지금도 매우 크고 건장하며 동네를 막 쏴다닌다. 왕은 제물을 관장하는 제관 설지薛支로 하여금 돼지를 쫓게 했다. 설지가 이 백돼지를 쫓아 간 여정이 환인에서 집안까지의 긴 여로였던 것이다. 설지가 백돼지를 잡은 곳이 바로 국내위나암國內尉那巖이었다. 국내國內는 성안이라는 뜻이니, 이미 이 지역에 성곽의 국가가 기존해있었다는 것을 의미할 수도 있다.

국내는 바로 오늘의 국내성國內城 지역이었을 것이다. "위나암"이라는 것은 바로 오늘 우리가 가려고 하는 환도성丸都城의 옛 이름이다("국내國內"는 "골안"의 의미이니, "동구洞溝" "통구通溝"와 상응한다. "위나"라는 말은 고구려 옛말로 "바위"에 해당되는 말이라고 한다. 국내와 위나암은 초기에는 확연한 구분 없이 총체적인 개념으로 쓰였다. 산상왕 13년에 환도성으로 도읍을 옮긴 후부터 양자는 확연히 구분되었다). 설지는 2년전의 사건도 있고 해서 신중하게 그 돼지를 국내인의 집에 가두어 기르게 하고 돌아와서 유리왕에게 보고한다: "신臣이 돼지를 쫓아 국내위나암에 이르렀던 바, 그곳 산수가 심험深險하고 땅이 오곡의 생산에 적합하고, 평원에는 고라니와 사슴이 뛰어 놀고, (압록)강변에는 물고기와

자라가 풍요롭게 산출되고 있는 것을 두 눈으로 목도하였나이다. 왕께서 만약 이곳으로 천도를 단행하신다면, 단지 백성들의 생계의 이로움이 무궁할 뿐 아니라, 군사전략적으로도 전란의 화를 면할 수 있는 최상의 요충지라고 생각됩니다. 臣逐豕至國內尉那巖, 見其山水深險, 地宜五穀, 又多麋鹿魚鱉之産, 王若移都, 則不唯民利之無窮, 又可免兵革之患也."

　왕은 9월에 이 지역으로 시찰을 나갔다. 수도로 삼기에 적합한지를 실제로 답사하기 위한 여행이었을 것이다. 『삼국사기』는 왕이 국내지역의 사물택沙勿澤이라는 곳에 이르렀는데 어떤 장부丈夫가 왕의 신하가 되기를 자청하여 그것을 허락하고, 사물沙勿이라는 이름과 위씨位氏라는 성을 내렸다고 했다. 이것은 여행이 단순한 답사여행이 아니라, 이 지역을 군사적으로 복속시키기 위한 전쟁의 성격을 지니고 있었음을 말해준다. 다시 말해서, 국내성–환도성이 빈 땅위에 세운 신도시가 아니라 이미 웅거세력이 있었다는 것을 방증하는 것이다.

　하여튼 제관 설지薛支의 보고는 모든 정황을 정확하게 파악한 적중하는 보고였다. 흘승골성은 천혜의 요새이기는 하나 비좁은 곳이다. 그리고 상고성자–하고성자의 평지성도 풍요롭지 못했다. 유리가 천도의 필요성을 느꼈다는 것은 그만큼 신흥국가 고구려에로 많은 인구가 몰려들었다는 것을 의미하는 것이다. 당시 압록강은 막대한 식량의 보고였고, 압록강을 주변으로 하는 산하는 백두산 준령의 기운이 세차게 뻗은 곳이었으니 그 신령함과 싱싱함의 서기는 이루 형언하기 어려웠을 것이다. 유리왕 22년 10월에 유리는, 두째아들 태자 해명解明으로 하여금 흘승골성의 구도舊都를 그대로 지키게 하고, 국내로 천도를 단행한다. 그들이 처음부터 안착한 곳은 위나암성尉那巖城이었다. 이 위나암성은 앞서 말한 연우 산상왕山上王이 공손씨 정권과의 전쟁을 역사는 발로 밟아보는 것이 제일이다. 문헌만으로 역사를 말하는 것은 역사에 대죄를 저지를 수가 있다. 흘승골성 혼강 지역에 비한다면 이 집안 지역은 정말 너르고 풍요로운 곳이었다. 그 결정적인 함수가 압록강이다. 지금 불행하게도 압록강은 너무 인위적 때를 많이 탔고, 변형이 심하며, 오염되었다. 그러나 유리왕 시절의 압록강은 단백질 보고였다. 엄청나게 물고기가 많아 식량난을 해결할 수 있었고 그 주변의 하천부지는 농지로서 적합하였다. 그리고 적을 막을 수 있는 천혜의 요새였다. 풍수지리geomancy는 고대사회의 최고 사이언스였다. 고구려인들은 국내성을 확보함으로써 옛 조선(=고조선)의 전 영역을 지배할 수 있는 핵심축을 장악할 수 있었던 것이다. 유유히 흐르는 저 압록강을 보라! 압록강 저편이 조선민주주의인민공화국의 만포滿浦이나, 당시 압록강은 국경 아닌 풍요로운 동네(=국내) 냇갈이었다.

비행기를 몰지 않는 이상 집안 전체를 조감할 수 있는 곳을 찾기 어렵다. 집안 서남쪽에 있는 칠성산七星山 무덤떼 있는 곳에서 내려다보는 집안이 가장 전체모습이 한눈에 들어온다. 지금은 현대도시화되어 국내성의 원래 모습을 찾기 어렵다. 그러나 시내에 성터는 거의 온전하게 남아있다. 압록강변에 이만큼 풍요롭고 너른 평지가 있었다는 것은 고구려인들에게 하늘님의 축복이었다. 여기서 백두산 정상은 한 맥으로 통하고 있다.

유리왕 천도

고구려 도읍지의 서기를 느껴보라! 압록강변은 그 어느 곳이나 이런 느낌이었을 것이다. 서울에서 한성을 느끼기가 어렵지만 수선전도를 바라보는 심안心眼만 있어도 번잡한 서울 메트로폴리스에서도 옛 도성의 모습을 상상키 어렵지 않다. 고구려지역에서 고구려를 느끼는 데는 항상 우리 고대사에 대한 통찰과 혜안이 요구되는 것이다.

193

유리왕 천도

겪으면서 위나암성의 전략적 중요성을 감지하고 내부 중턱에 방대한 대형 궁전을 건조하기 시작하여(AD 198년부터) 13년(AD 209)에 위나암성을 전면적으로 보수하고 그곳으로 정식 천도한 시점으로부터 우리가 환도성이라고 부른다(국내성에서 환도성으로 천도. 위나암성을 환도성과는 다른 별도의 지명으로 보아야 한다는 설도 있다).

홍콩대반점에서는 제대로 된 아침식사를 먹을 수 있다. 그런데 시간이 7시 반이나 되어야 먹을 수 있다니 참으로 답답했다. 나는 일행들에게 이날도 거의 점심을 먹을 수 없을 터이니 아침을 단단히 먹어두라고 일렀다. 다행인지 불행인지 꼭 식사를 챙겨잡수어야만 하는 방원장이 오늘은 호텔에서 쉬면서 서류상의 일을 좀 하겠다고 했다. 그는 얼마전에 여기를 온 경험이 있었다. 호텔 아침뷔페장에서 아주 우연하게 귀한 사람들을 만났다. 심양에 사는 연변전통문화교육협회 부회장 왕숙란王淑蘭 일가족을 만난 것이다. 단풍구경하러 왔다는 것이다. 전혀 뜻하지 않은 곳에서 아는 사람을 만나다니, 하여튼 세상은 좁다. 정경일 교수가 소개하여 우리를 안내해줄 할아버지 이춘호李春浩 선생이 8시에 호텔 로비로 왔다. 그분이 있으면 집안 구경은 시간을 절약

할 수 있다. 재령이씨載寧李氏라고 했다. 언제 중국에 와서 살게 되었는지 그 내력도 자세히 모른다고 했다. 65세의 호인好人이었다.

원래 우리는 집안에서 압록강을 따라 서남쪽에 위치하고 있

는 서대묘라는 거대한 무덤부터 보기로 계획을 짰었다. 그것은 정경일 교수가 책상에서 만들어 준 계획표였다. 정교수는 이날 한신대 답사팀이 움직이는 일정표를 알고 있었기 때문에 그들과 겹치지 않는 반대 방향으로 스케줄을 짠 것이었다. 그러나 나의 작전기준은 매우 단순했다. "햇빛"이었다. 무엇을 보는 것이 중요한 것이 아니라, 가장 청아한 아침 햇살이 있는 순간에 가장 중요한 포인트에서 가장 위대한 영상을 포착해야 한다는 것이다. 그리고 그 순간에 교감되는 느낌으로 고구려인의 숨결과 핏줄, 그 맥박을 잡아내야 한다는 것이다. 그 해답은 하나의 정언명령이었다! 가라! 환도산성으로!

국내성은 현재 집안시내에 자리잡고 있지만, 환도산성은 집안에서 북쪽으로 2.5㎞ 정도 떨어진 곳에 자리잡고 있다. 압록강으로 흘러들어가는 통구하通溝河(집안시를 끼고 흐르는 하류는 "서대하西大河"라고 부른다)를 따라 북상하면 환도성을 만나게 되는데, 그 지리적 위치의 절묘함은 우리로 하여금 유리왕이 천도를 하고, 이 지역에서 고구려가 장수왕의 천도에 이르기까지 자그만치 425년간을 머무를 수 있었던 그 소이연을 깨닫게 해준다(신채호식으로 계산하면 조금 더 긴 시간일 수도 있다).

우선 통구하를 앞 냇갈로 하는 이 지역은 통구하의 낮은 루트를 제외하고는 들어올 수가 없다. 그 양쪽으로 칠성산七星山(오른쪽)과 우산禹山(왼쪽)이 드높게 버티고 있다. 그 통구하가 흐르는 남쪽 길을 맞이하는 거대한 분지가 바로 환도성丸都城이다. 이 분지는 정상 산마루를 삥둘러 계산하면 6,395m가 되는데 본시 그 둘레에 따라 다 성벽이 있었다. 그 형상은 마치 곡식을 까부르는 큰 키처럼 생겼다(파기상簸箕狀). 그러니까 키 아구리를 북쪽으로 해서 45° 정도 세워놓은 형상이다(제일 높은 곳이 652m).

집안시를 끼고 압록강과 수직으로 만나는 강이 서대하西大河인데, 이 서대하가 곧 통구하通溝河, 혹은 동구하洞溝河의 하류이다. 서대하를 따라 북상하면 환도성에 이르게 된다. 동구나 통구나 국내(國內=洞口內)나 위나암尉那巖(만주어 우라兀剌는 바위를 의미. 바위산 위에 있는 산성을 의미)이나 결국 어원적으로는 상통하는 말이다(이병도 설). 결국 제2대 유리왕의 천도는 이 통구하+압록강지역으로의 이주를 의미하는 것이다. 앞에 보이는 다리가 약진교躍進橋이고 그 너머에 압록강이 있다. 옆 페이지 사진은 환도산성 하 무덤떼를 돌아나오는 통구하.

    남쪽은 꼭 키가 대나무가 엮여 막혀있는 것처럼 군건한 옹성의 구조로 두 껍고 정교한 축성이 이루어져 있다. 이 남옹문南甕門을 보면 고구려인들이 얼 마나 치밀한 군사전략가들이었나 하는 것을 깨닫게 해준다. 문을 안으로 디 밀어 쌓아놓고 디근자의 갇힌 독(甕)과도 같은 공간을 만들어 놓고 침략하는 적을 유리한 사방의 높은 위치에서 공략하는 것이다. 이렇게 위대한 천혜의 군건한 환도성이 허망하게 무너진 사건, 전연前燕의 왕, 모용황慕容皝에게 고 국원왕故國原王이 이 철옹성을 내어주고 단기單騎로(말 한 필 타고 혼자서) 단웅 곡斷熊谷 지역으로 도주한 슬픈 사건, 그 AD 342년 11월의 현장을 우리는 지금 여기서 목도할 수 있는 것이다.

연왕燕王 모용황은 탁월한 전략가였으며 4만의 대군을 거느리고 험난한 남도南道로 침입하면서도, 평탄한 북도로 침입하는 것인냥 믿게 만드는 연막작전을 폈다. 따라서 고국원왕은 동생 무武가 이끄는 5만의 대군을 북도로 배치하고 자신은 빈약한 병졸을 데리고 남도를 막았던 것이다. 그러나 남도로 들이닥친 북연의 군대는 4만의 대군이었다. 동생 무가 이끄는 5만의 대군은 북도에서 1만 5천의 연군을 대파시켰으나 그것은 아무 소용이 없었다. 이미 본진이 깨지고 왕은 도망가고, 그 호화롭던 왕궁이 잿더미가 되어버린 후였다.

이 환도성은 북도와 남도의 적군을 완전히 제압할 수 있는 천혜의 위치에 있었다. 내가 생각키에는 북도와 남도로 분산 출정하여 적군을 맞이하지 말고,

자아! 이제 우리는 드디어 환도성을 바라보고 있다. 이 사진으로 보면 오른쪽으로 긴 바위벽돌성이 보이는데 이 석성은 산능선 전체를 따라 동그랗게 이어져있다. 이 산마루 석성의 전체길이는 6km가 넘는다(한양도성의 3분의 1 정도). 지금 앞쪽으로 석성이 끊어진 듯이 보이는데 실제로 그 끊어진 부분이 남문이며, 이 남문은 옹성 구조로서 적이 진입하면 사방에서 공격할 수 있도록 되어있다. 남문 양쪽의 석성은 뒤 산능선 따라 완벽하게 6km나 연결되어 있었다. 그 내부는 완만한 분지이며 사람들이 위급 시에 수만 명이라도 견딜 수 있는 너른 땅이 있다. 산성이면서도 장기거주가 가능한 생활공간이었다. 분지는 매우 기름진 경작지였다. 이 산성 안에 왕궁이 자리잡고 있었으니 왕에 따라 이곳에 거주하는 것을 선호하는 자도 있었을 것이다. 국내성은 외부침략에 취약하지만 환도성은 오직 남문만 소통되어 있고 사방이 다 높은 산으로 절연되어있어, 침략이 거의 불가능하다. 따라서 남문 옹성을 거대하고 튼튼하게 만들었던 것이다.

이제 남문의 모습이 잘 보인다. 석성이 무너져 낮게 남아있지만 그 두께가 얼마나 대단했는지 알 수 있다. 성 위로 마차가 다녔을 가능성도 있다. 그리고 흘승골성에서 본 석성과 그 축조기법이 동일하다. 견치석이 나와있는데, 가장 겉면은, 속은 견치 사이사이로 끼어 들어가지만 겉으로는 네모반듯한 돌로 마감되어 있다. 정자 안에는 고구려인들이 사용했던 우물이 남아있다. 유리왕 때 이미 이 지역의 개발을 시작했고, 산상왕山上王=발기의 동생, 연우. 2년에 환도성丸都城을 쌓았다는 기록이 있으니 산성의 성벽은 유리왕 시절부터, 그러니까 건국초년부터 시작된 것이지만 2세기 말에나 본격적으로 축조된 것이다. 산상왕이 형수 우왕후가 시기하는 주통촌의 여인에게서 태자를 얻은 후, 무엇인가 국운을 일신시켜야겠다는 생각이 있어 도읍을 환도성으로 옮긴다(AD 209년). 그러니까 산상왕은 최소한 환도성 천도를 즉위 초년부터 시작하여 11년간 준비했던 것이다.

환도산성 남문 옹성구역 내에 있는 이 우물은 매우 중요하다. 평시에는 이 우물을 길어다가 먹었을 것이다. 이 우물이야말로 고구려인의 생명수였다. 그 생명력이 오늘까지 분출되고 있다는 것은 우리의 찬탄을 자아낸다.

여기 세개의 사진들은 고구려 우물의 디프 스트럭쳐를 보여준다. 지금 맨 위에 있는 ①의 우물은 환도산성 앞의 우물 내부이다. 그리고 ②의 우물은 러시아 연해주 핫산 지역의 옌추헤(츄가노프카) 한인마을에 있는 것을 찍은 것이다. ③은 발해의 수도 상경용천부上京龍泉府에 있는 것이다.

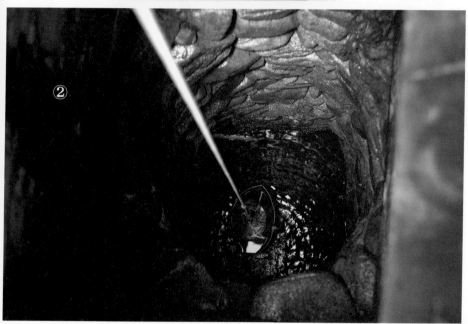

그런데 내가 왜 이렇게 우물사진을 독자들에게 보여주는가? ②를 보면, 한국인이라면 누구든지 그리운 향수의 감각을 느낄 수 있을 것이다. 우리가 어릴 적에 본 우물의 너무도 전형적인 모습이기 때문이다. 여기서 우리가 알아야 하는 것은 중국인은 우물을 반드시 4각으로 쌓는다는 것이다. 우물 정井 자의 모습으로 만드는 것이다. 그러나 조선민족은 꼭 원형을 선택한다. 원형은 실상 사각보다 쌓기 어려울 뿐만 아니라 정취가 있다. 그것은 태극의 모습이다. 여기 보여주는 우물은 고구려의 디프 스트럭쳐가 발해를 거쳐, 한말 이주민마을, 그리고 오늘 우리나라 시골마을에까지 연속되고 있다는 것을 입증하고 있다. 문화적 연속성cultural continuity이란 이런 사소한 물건에서도 찾아질 수 있다. 고구려의 기억은 우리의 생명수 우물에서도 사라질 수가 없는 것이다.

환도성으로 들어가기 위해 통구하를 가로지르는 유일한 다리, 산성자교山城子橋. 물론 옛날에는 이런 식의 대교가 있지는 않았을 것이다. 통구하는 산성의 해자 역할을 했다. 그런데 저 다리 끝으로 보면 두 산이 겹쳐 보이는데 그 계곡이 집안 쪽에서 이 환도성으로 진입할 수 있는 유일한 길이다. 그러니까 환도성은 천혜의 요새였다. 그런데 이 남도로 연왕 모용황이 쳐들어왔던 것이다. 고국원왕의 비극을 되새겨보게 만든다.

이 환도성에서 도합 5만 5천의 연군을 맞이했더라면 큰 탈없이 연군을 패퇴 敗退시켰을 것이다. 아마도 왕궁이 있는 정체政體의 핵심부에서 전란을 치루 는 것을 수치스럽게 생각하여 미리 출정한 것 같으나 결과는 매우 참혹한 것 이었다.

환도성이 함락되기는 했으나 결코 고구려가 무너진 것은 아니었다. 고구려 군졸은 전체적으로 보면 많은 숫자가 상처를 입지 아니한 채 건재했던 것이다. 이러한 사실은 환도성을 점령한 적장들에게 후환의 공포심을 불러일으켰다. 그래서 이들은 고국원왕의 아버지, 그 위대했던 성군 미천왕의 묘를 파헤쳐 그 시신을 가져가고, 어머니 주씨周氏와 부인 왕비를 생포하여 인질로 데려가고,

부고府庫에 있는 누대累代의 국보들을 모조리 취하고, 남녀 5만명을 데리고 갔다. 실로 국가의 근본을 뒤흔드는 대사건이었다. 그렇게 함으로써 고국원왕이 스스로 항복하여 화친을 청하게 만드는 것이다. 매우 잔혹한 뒷처리방식이었다. 이때 이들은 궁실을 모조리 불지르고 환도성의 굳건한 옹성을 헐어버렸다. 궁실을 불질렀다하는 것은 고구려의 역사자료도 이때 엄청 소실되었다는 것을 의미한다.

역사라는 것이 클레오파트라의 코를 만지작거려 어떻게 땜빵이 될 문제는 아니지만, 역사의 현장에 서서 당시의 슬픈 사연의 전후를 반추하여 보는 것은 큰 의미가 있다. 과거에 나의 의식 속에서 너무도 가냘픈 지상紙上의 꼬부랑글씨에 불과했던 이벤트가 그 역동의 아수라장의 함성과 피튀김과 울분과 회한으로 되살아난다는 것은 참으로 내가 살아있다는 생명의 보람이 아닐 수

남문에서 오른쪽으로 뻗어 올라가는 산성의 웅장한 모습. 저 성꼭대기에서 내려다 보면 환도성하 무덤떼가 보인다.

↑ 아랫 사진의 좌측 석벽에 해당되는 부분. 고구려인들의 산성이 얼마나 정교하게 잘 쌓은 것인지, 그 축성기술이 얼마나 발달해있었는지를 잘 말해준다. 우리가 오늘의 과학적 기기를 동원해도 이런 석성을 쌓기가 결코 쉽지 않다.

↓ 아래 두 쪽에 걸쳐 깔린 사진은 남문의 옹성구조를 보여준다. 쉽게 말하자면 이 남문 옹성은 디귿 자로 들어와있는 구조이다. 이 디귿 자 안의 영역이 얼마나 큰 공간인지를 말해준다. 돌을 나르는 문제 이전에, 이 많은 돌을 자르고 다듬으려면 얼마나 많은 인적 자원을 요구했을지를 생각해보면, 고구려라는 국가의 강성함을 쉽게 연상할 수 있다. 그것은 결코 고대사의 가물가물한 희미한 이야기가 아니라 현대사적인 생생한 현실이기도 한 것이다.

↑ 오른쪽 성벽 위에서 내려다보는 옹문의 모습. 남문 정면은 많이 무너져내려 낮은 높이로만 남아있다. 그러나 측벽보다 더 높은 웅장한 석성이었을 것이다. 이 근처에서 출토된 건축결구 물건들로 보아 남문 정면에는 거대한 목조 건축물이 있었던 것으로 보인다.

→
남문 석성의 두께를 잘 나타내준다. 이 많은 돌로 6km(정확하게 6,395m)를 연결한다고 생각해보라!

없는 것이다. 이 고국원왕의 비참한 스토리는 결코 당대의 참사로 끝날 문제는 아니었다. 이 고국원왕의 아들이 고구려를 문화적으로 융성케 만든 우아한 임금, 소수림왕小獸林王이다(소수림이라는 지역에 묻혔기 때문에 소수림왕이라 칭하는 것이다). 그리고 소수림왕의 동생이 고국양왕故國壤王이고, 고국양왕의 아들이 광개토대왕이다. 그리고 광개토대왕의 아들이 장수왕이다. 다시 말해서 광개토대왕은 고국원왕의 친손자가 되는 사람이다. 할아버지의 그 쓰라린 체험을 망각했을리 없다. 그가 그토록 막강한 대제국을 형성하게 되는 그 본질적 드라이브의 동력이 바로 고국원왕의 비극에서 생겨났을 지도 모른다. 약체화된 국가로써는 도저히 그러한 비극의 발생을 막을 길이 없다고 판단했을 것이다.

우리가 본 환도성의 햇살은 너무도 싱싱했고 따사로왔다. 남옹성을 들어가 왕궁터로 올라가는 도중에 료망대瞭望臺가 있고, 그 동남측에는 돌을 쌓아 축수蓄水를 해놓은 아름다운 "연화지蓮花池"가 있다. 지금도 청수벽파淸水碧波에 연꽃이 아름답게 피어있다. 거기서 더 올라가면 거대한 삼층 계단 터로 구성된 왕궁터가 나오는데, 이 삼층 터의 건물들은 상하좌우의 행랑으로 다 연결되었었을 것이다. 고국원왕의 슬픔을 아직도 간직하고 있는 주춧돌들이 즐비하게 널려져 있다. 인동문忍冬紋, 수면문獸面紋, 연화문蓮花紋의 고구려 와당이 대량 출토되었다. 그 문양의 정교함과 기발함은 비록 백제의 섬세함과는 맛이 다르다 할지라도 백제와 비견할 수 없는 강인함의 다른 맛이 표출되어 있다.

서둘러야 했다. 아침 햇살이 사라지기 전에 내가 가장 보고 싶었던 통구하通溝河 하천부지의 대평원에 아름답게 펼쳐져 있는 광대한 무덤군이었다. 그런데 걸음을 재촉하고 있는데, 갑자기 한국에서 전화가 왔다(9시 55분). 뜻밖

환도성 내부는 아늑한 분지였다. 밖에서 보면 험악한 산성인데 들어와 보면 광활한 평지이다. 지금도 사람들이 그 분지에서 농사를 짓고 살고 있다. 아랫사진에는 너른 옥수수밭이 보인다. 산성의 생명은 역시 샘물에 있다. 여기 보이는 연화지는 흘승골성의 천지天池와 같은 것인데 훨씬 수량이 많다. 옛날에는 수량이 매우 많았고 물고기도 살았던 모양이다. 제3대 대무신왕大武神王 11년 조에 보면 한나라의 요동태수가 고구려의 국내성을 침입하여 오자, 왕은 이 환도성에 칩거하여 지구전을 편다. 한참을 버텨도 요동군이 포위를 풀지 않으므로 좌상左相 을두지乙豆智에게 계책을 물으니, 좌상은 이와 같이 대답한다: "저들은 우리가 암석 가운데 있으므로 물과 식량이 없을 것이라 착각할 것입니다. 연못 속의 잉어를 잡아 술과 함께 보내어 한나라군대를 위로해주는 것이 좋겠습니다." 왕은 충언에 따라 정중히 행하였다. 요동군이 환도성 안이 풍요로운 곳임을 그때서야 알아차리고 승산이 없다고 생각하여 퇴각하였다. 이와 같이 환도성은 군사요새지만 천혜의 생활요새였다. 만주 각지에 흩어져 있는 수백 개의 고구려 산성이 모두 이 환도성을 프로토타입으로 삼아 만들어진 것이다. 환도성은 "구려"의 아키타입이었다.

에도 설악산의 대 회주스님이시며 조선의 마지막 활불活佛이라고도 할 수 있는 오현스님五鉉大和尙으로부터의 전화였다. 스님의 목소리는 너무도 카랑카랑했고, 힘이 있었다. 스님의 연세와 식사습관을 생각하면 참으로 놀라운 경지라 아니할 수 없다.

"이승만부터 작금의 치자들까지 모조리 까제키는 시원한 논설, 잘 읽었제. 그렇게 깔 수 있는 사람이 김선생 제켜놓고 누구 있겠나?"

아마도 세월호참변 때 쓴 문장을 읽고 하시는 말 같았다. 세월호참변으로부터 시간이 많이 흘렀건만, 노인들은 하나의 인상적 사태가 머리에 박히면 그것이 어제일처럼 계속 남아있다.

"일전에 돈 좀 보낸 것 받았나?"

" ... "

"일을 시킬라면 그래도 조금 수고비는 보내야 하는기라."

나는 너무도 뜻밖의 말씀들이라 대꾸를 하지 못했다. 그냥 화두로 받아들이고 네네만 했다.

"백담사에 스님들 선방을 새로 하나 잘 지었는데, 매일 매일 마조처럼 깨달으라구 각일당覺日堂이라 했는기라. 그거 현판글씨 하나 써서 보내문댜."

불명佛命을 어찌 어기리오?

"글씨는 혼이 살아 있는 자가 써야 하는기라. 내 부탁할 자 그대밖에 더 있겠누?"

전화는 툭 끊어지고 말았다.

집안지역 고구려체험의 백미는 광개토대왕의 비나 그 주변의 왕릉이 아니다. 그것도 자연 그대로 방치되어 있었을 때는, 오늘과 같이 관광상품 딱지가 여기 선보이는 두 개의 귀면문 수막새는 바로 이 환도성 왕궁터에서 발견된 것이다. 처마끝 숫기와 끝부분을 장식하는 이 수막새는 실로 와당의 정화라 할 수 있다. 귀면을 쓰는 것은 벽사辟邪의 의미라 하나, 하여튼 고구려의 위용을 나타내는 고구려인의 얼굴이 숨어있다 할 것이다. 고구려 와당은 선이 날카

귀면문수막새
鬼面紋圓瓦當
지름 15.3cm

연화문수막새
평양 주암리 지름 18.4cm

로우며 문양이 과감하고 웅경雄勁, 강경强勁하다. 선이 부드럽고 섬세한 백제 와당과는 극히 대조적이다. 평양지역에서 나온 연화문 수막새를 보면, 환도산성 연화지에 지금도 피어있는 연꽃을 그대로 옮겨놓은 듯하다. 역사는 당지에서 느껴보아야 한다.

이 와당은 종로구 부암동에 자리잡고 있는 유금와당박물관의 소장품이며, 사진도 『한국와당수집100년-명품100선』에서 전재된 것이다. 관장 유창종 선생과 금기숙 교수는 평생을 와당수집에 헌신한 분으로서 국립박물관에도 단일종류의 기증유물로서는 사상최대규모의 기와·전돌을 기증하였으며, 그외로도 지속된 컬렉션의 양과 질이

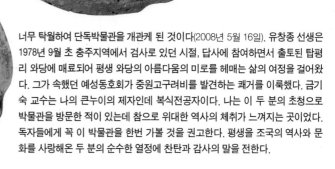

귀면문수막새
지름 22.0cm

너무 탁월하여 단독박물관을 개관케 된 것이다(2008년 5월 16일). 유창종 선생은 1978년 9월 초 충주지역에서 검사로 있던 시절, 답사에 참여하면서 출토된 탑평리 와당에 매료되어 평생 와당의 아름다움의 미로를 헤매는 삶의 여정을 걸어왔다. 그가 속했던 예성동호회가 중원고구려비를 발견하는 쾌거를 이룩했다. 금기숙 교수는 나의 큰누이의 제자인데 복식전공자이다. 나는 이 두 분의 초청으로 박물관을 방문한 적이 있는데 참으로 위대한 역사의 체취가 느껴지는 곳이었다. 독자들에게 꼭 이 박물관을 한번 가볼 것을 권고한다. 평생을 조국의 역사와 문화를 사랑해온 두 분의 순수한 열정에 찬탄과 감사의 말을 전한다.

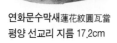

연화문수막새蓮花紋圓瓦當
평양 선교리 지름 17.2cm

211

↑ 고구려 환도성 왕궁터의 주춧돌을 내가 가리키고 있다. 유리왕으로부터 고국원왕에 이르는 고구려민중지도자들의 체취를 느낄 수 있는 확고한 유적이다.

→
주춧돌 밖에 처마밑에서 물이 떨어지는 곳에는 수로가 나있는데 그 곁에서 염소들이 풀을 뜯어먹고 있다.

↑ 주춧돌과 수로를 잘 보여준다. 전체도면은 다음 페이지에 있다.

↓ 이 사진은 환도성의 전체 파노라마를 잘 보여준다. 왼쪽에 산이 낮게 뚫려있는 곳이 남문이다. 남문이야말로 유일한 통로라는 것을 말해준다. 궁전터는 3단으로 되어 있는데 관광객들을 위해 나무계단이 설치되어 있다. 현재 이 왕궁 외에도 7개의 문지門址가 있고 1개의 위수군졸의 주거지가 있으며, 료망대 1개, 저수지 1개, 그리고 분묘(대개 봉토묘)가 38개가 발견되었다. 전체적으로 보면 여유로운 분지이며, 건국초기 고구려인들의 마음의 고향이라는 것이 느껴진다.

발굴당시의 환도성 궁전유지의 조감도이다. 이 사진은 90° 틀어 앉힌 것이다. 주춧돌로 칸수를
재어본다면 건물규모가 작지 않다. 긴 행랑이 있는 거대 건축물 3열이 계단식으로 배치되어 있다.
『世界遺産叢書─高句麗王城王陵及貴族墓葬』(上海世界圖書出版公司, 2008), p.18.

우리에게 관구검毌丘儉이라는 이름은 낯설지 않다("毌"은 "貫"과 통한다. 무구검이라 읽는 사람들이 있는데 잘못이다). 관구검은 AD 246년(동천왕 20년) 고구려를 쳐들어왔다. 관구검은 위나라 사람으로 조조의 증손자인 조방曹芳 시절의 유주자사幽州刺史였다. 이때가 바로 왕필王弼이 『노자』에 주를 달고 있었던 그 즈음이었다. 관구검이 쳐들어왔을 때의 고구려왕은 누구인가? 바로 동천왕東川王이다. 동천왕은 누구인가? 바로 우왕후가 시기한, 돼지를 꼼짝 못하게 한 은 발기의 조카인 셈인데 어려서부터 엄청 성품이 착했다. 남을 나 왕후와도 갈등을 일으키지 않았으며 국민을 정신적으로 통합시 제하고 위나라와 협력하여 현도를 공략하고 공손씨의 연나라 북성과 산동성 일대의 공백을 놓고 고구려와 위는 패권

주통천의 20세 여인이 낳은, 산상왕의 아들이다. 동천왕 무람이 없고 항상 양보함으로서 권위를 세웠다. 우 켰다. 중원3국과의 관계에서 오나라 손권을 견 를 멸망시켰다. 그러나 연나라땅이었던 하 싸움을 하게 된다. 이때 관구검이 1만 다. 동천왕은 보병·기병 2만 인을

병사를 거느리고 현도지역으로부터 나와 고구려를 쳐 데리고 비류수에 나아가 관구검군대를 대파시켰다. 그리고 적수敵首를 벤 것이 3천 급에 이르렀다. 그리고 승전을 계속했다. 그러나 지족불태知 足不殆이어늘, 계속 관구검을 압박하자 관구검은 오히려 결사항전하여 동천 왕을 패배시켰다. 관구검은 현도태 수 왕기를 시켜 동천왕의 주력 부대를 뒤쫓도록 하고 자신 은 비어있었던 고구려의

환도성에 침입하 여 궁궐을 불사르 고 양민을 학살하니 유리왕시절부터 공을 들여 축조한 환도성은 폐 허가 되었다. 관구검이 숙신 남계肅慎南界에 이르러 "각석 기공刻石紀功"하였다고 『삼국사 기』에 말하고 있는데 그것은 『위지』 「관구검전」에도 쓰여져 있다. 의기양 양하여 자기 치적비를 세웠다는 것이다. 1904년 이 관구검의 비의 잔해가 집안시 마선 향麻線鄉 판차령板岔嶺 서북의 천교구天橋溝 산 파산파山坡에서 발견되었다. 우리 조선인의 입장에서 보 면 이 비는 소정방의 평제탑平濟塔 만큼이나 기분나쁜 것이지만 역사에서 전쟁의 승패는 다반사에 속하는 것이 다. 옛 기록의 사실이 정확히 입증된다는 것이 중요하다. 중 국인들은 이 관구검기공비를 오녀산박물관에도, 집안박물관에 도 자랑스럽게 전시해놓았다. 그런데 그것은 다 가짜다. 그 진품이 요녕성박물관에 있다. 그 진품을 내 카메라에 담아 여기 공개한다. 집안 마선향을 "숙신남계"로 말한 것은 그 지역을 옛 고조선의 남쪽 지역으로 본 것이다. 의미심장하다. 비문을 보면 "正始三年高句麗 …"하면서 시작하는데 이것은 동천왕 16년에 고구려가 요동 서안평을 습파한 『삼국사기』 기사와 일치한다. 그 뒤로는 7행 48자 잔존. 정시5년(244)~6년(245) 기사가 실려있다. 관구검이 온 것은 7년(246)이다.

붙어있지 않았을 때는, 호젓이 서 있는 그 유적에서, 광막한 고구려제국의 성상과 숨결을 감동깊게 느껴볼 수도 있었을 것이다. 그러나 지금 그 유적들은 너무도 관광상품화 되어있다. 규격화된 울안에 갇혀버려 탁 트인 광활함을 느껴볼 수가 없다. 하나하나가 단일 관광상품화되어 고립되어 있는 것이다.

그러나 환도산성 아래 광활한 하천부지에 널려져 있는 피라미드 적석총 무덤떼의 위용은 고구려를 제1식(안식眼識)이 아닌 아라야식으로 느끼기에는 최상의 무대일 것 같다. 가장 원시적인 "맛"이 그대로 살아있는 위대한 유적군일 것이다. 분명 여기 있는 분묘들은 왕릉의 모듬은 아니다. 이것은 왕 다음 서열의 사람들의 공동묘지 비슷한 것인데 그 규모와 스케일이 엄청나다. 사실

손병헌형이 고구려 분묘양식의 귀족과 서민 사이의 단절감을 이야기 했는데, 여기 현지에 와서 느끼는 것은 고구려인들은 왕부터 서민에 이르기까지 규모의 차이는 있을지언정 동일한 양식과 동일한 문화적·종교적 관념에 의하여 그들의 사후세계를 준비했다는 것을 알 수 있다.

이것은 오히려 고구려 강성기의 국가의 건강함을 나타내는 것이다. 19세기 말기 이곳을 시찰한 일본의 문화간첩단들이 이 고구려지역의 무덤이 2만기에 이른다고 했는데, "2만"이라는 숫자는 결코 거짓말이거나 과장된 숫자가 아니었다. "2만"기의 돌무덤이 다 상층부 권력 귀족만의 전유물은 아니었을 것이다.

환도산성 아래 통구하 하천을 따라 형성된 거대한 평지에 있는 고구려인 무덤떼. 이 곳은 무덤떼 들판인 동시에 치열한 전쟁터이기도 했다. 동천왕 때도, 고국원왕 때도 이 지역에서 고구려 철기군의 말발굽이 대지를 흔들었다. 아마도 그 늠름한 장수 상당수가 여기에 묻혀있을 것이다.

푸른 초원에서 고구려 피라미드무덤 사이를 걷는 느낌은 나일강변의 사막에서 몇개의 거대한 피라미드를 바라보는 것보다 훨씬 더 웅장한 느낌을 준다. 에집트의 사람들은 산이 없었기 때문에 산과 같은 피라미드를 지었다. 우리 초원의 산봉우리들은 에집트의 피라미드보다 더 장대하다. 우리는 일차적으로 주위를 둘러싼 산세에서 피라미드의 모습을 읽어내야 한다. 그 사이에 피어 올라온 계단식 적석총의 웅장한 모습은, 우선 죽어있는 사막과는 달리, 생명이 피어오르는 초원의 푸름 위로 솟아있는 것이기에 더욱 천지의 약동을 느끼게 한다. 그것은 죽은 자의 세계가 아닌 영원히 순환하는 생명의 창조적 도약이다. 해모수는 천상계에서 지상계로, 또 다시 천상계로, 또 다시 지상계로 순환하는 구조속에서 동명성왕을 잉태시켰던 것이다.

나는 이 환도성하 돌무덤떼 사이를 걸으며 나는 20세기 민족사학의 선하 단재丹齋 신채호선생을 생각했다. 그는 1898년(19세) 가을 신기선申箕善, 1851~1909(조선말기 문신. 김홍집내각의 공무대신, 의정부참정, 함경도관찰사, 홍문관학사 역임)선생의 추천으로 성균관에 입학할 수 있었지만, 그는 그곳 수학과정을 통하여 오히려 유교학문의 한계를 깨닫고 민족주의적 세계관을 갖게 된다. 1905년 26세에 성균관 박사가 되었으나 관직에 나아 갈 뜻을 버리고 『황성신문』『대한매일신보』의 논설의 예봉을 휘두른다.

그는 1910년 『대한매일신보』에 「20세기 신국민」이라는 논설을 연재하며 그가 어린시절에 신봉했던 영웅중심적 사관의 한계를 극복하고, 근원적으로 새로운 20세기 국가의 원동력은 한둘의 영웅으로부터 나오는 것이 아니라, 사회각부분에서 활약하는 사람들의 총체적 국민적 역량에 있다고 토로하였다. 계몽된 신국민, 평등·자유·정의·의용毅勇·공공의 덕목을 갖춘 새로운 의식

이 무덤떼는 다양한 양식을 보여준다. 여기 보이는 무덤은 큰돌로 기단을 만들고 그 위에
잔돌을 쌓았다. 기단이 3층도 있고 2층도 있는데, 문제는 잔돌 위로도 큰돌의 석축이 또
있었을 수도 있다는 것이다.

의 국민이야말로 근대국민국가를 수립하는 역사와 사회의 주체라고 규정하였던 것이다. 그는 이러한 계몽의 요체는 올바른 역사인식에 있다고 보았다. 역사연구가 곧 민족독립운동이며, 국사는 곧 국혼國魂이었다.

1913년 신채호는 동향의 아저씨벌인 신규식선생(나이는 신규식이 1살 위일 뿐이다. 그래도 아저씨는 아저씨다. 신규식은 여러 방면에서 절개와 기개와 도량이 컸던 대인이었으며 조카 신채호의 뒤를 보살펴주었다. 많은 사람들이 이 두 사람의 관계를 혼동하고 있다)의 주선으로 상해로 가서 동제사同濟社에 참여하고, 신규식이 주동이 된 박달학원에 박은식·문일평·정인보·조소앙 등과 함께 적극 참여하여 조선청년들의 민족교육에 심혈을 쏟는다. 신채호는 1914년, 봉천성 회인현에서 윤세복이 경영하는 동창학교東昌學校에 교사로 초빙되어 간다. 윤세복尹世復, 1881~1960은 누구인가? 그는 밀양사람인데 1910년에 대종교의 신자가 되어 수천석의 가산을 정리하여 회인현으로 왔던 것이다. 회인현은 바로 고구려 건국의 발상지인 환인을 말하는 것이다.

환인桓仁은 원래 당나라 때 발해국에 속한 환주桓州의 환도현桓都縣으로 불렸던 곳이다(唐元和 15년, AD 820년). 요나라 때는 동경도東京都 환주桓州에 속했고, 금나라 때는 파속부로婆速府路에 속했고, 원나라 때는 요양행성遼陽

↗ 이 사진은 고령신씨 가문 사람들에게는 매우 중요한 사진일 것이다. 왼쪽이 단재 신채호고 오른쪽이 예관 신규식이고 중앙이 경부 신백우申伯雨, 1888~1962인데, 이 세 사람 모두 충북 청원에서 같이 컸다. 예관은 단재보다 1살 위고 경부는 단재보다 8살 아래이다. 그런데 가장 어린 경부가 가운데 있다. 왜 그럴까? 단재가 항렬이 가장 낮고, 신규식은 아버지 항렬이고, 신백우는 할아버지 항렬이다. 따라서 나이는 어리지만 할아버지 항렬의 신백우가 가운데 자리잡고, 좌·우로 예관·단재가 자리잡았다. 이 사진은 내가 고증하건대 1919년 겨울 상해 어느 사진관에서 멋있게 폼잡고 찍은 것이다. 어릴 때의 초지를 이 세 사람이 다 잃지 않았으니 진실로 이 세 사람의 공만 해도 보한재 신숙주가 역사에 남긴 업을 상쇄할 수도 있을지 모른다.

예관 신규식에 관해 아는 사람이 별로 없으나, 실상 상해임시정부라는 것의 물리적 토대는 신규식이 만든 것이다. 신규식은 상해 한인사회의 최고대부였으며, 중국 신해혁명의 중심세력이 되어 손문 이하 진독수, 진기미, 송교인, 서혈아, 호한민과도 같은 수많은 중국혁명동지들과 아주 돈독한 친교를 맺은 거물이었다. 상해임시정부를 손문의 호법정부가 정식으로 인정케 만든 것도

신규식이었다. 그는 대한제국의 장교출신으로서 일찍이 한학과 더불어 중국어를 습득하였고, 서울에서 금융
업으로 큰돈을 벌어, 남들이 다 동북으로 갈 때, 직접 상해로 망명하여 손문을 만나 거액을 기증하고 불란서
조계 내에 독립운동기지를 건설하였으며 박달학원을 설립하여 수없는 인재를 키웠다. 여운형이라는 인물도
신규식의 지도와 후원으로 큰 사람이다.

예관에 관해서는 나의 우인 민영백閔泳栢(민 인터내셔날 회장이었으며 우리나라 인테리어업계의 선구자.
세계실내건축가연맹IFI의 세계총재를 역임. 상해임시정부의 실제 살림꾼이었던 민필호 선생의 아들)을 통해
많은 자세한 정보를 접했다. 그는 예관의 외손이다. 민영백은 내가 『한국독립전쟁사』10부작을 찍을 때도
많은 도움을 주었다. 이 자리를 빌어 감사의 정을 표한다.

行省의 심양로瀋陽路에 속했다. 명나라 때는 노이간도사奴兒干都司에 속했고 여진족의 활동지구로 인정되었다.

청나라 때는 봉천부奉天府 홍경청興京廳에 속했는데, 광서 3년(1877년)에는 이곳을 자기들의 발상지로 중시하여 회인현懷仁縣이라는 독자적 행정구역을 설치하였다. 그런데 민국 3년(1914년)에 지명을 정리하면서 이곳의 이름이 산서성山西省의 회인懷仁과 중명重名됨으로 옛 이름 환주桓州를 고려하여 환인으로 바꾼 것이다.

그때만 해도 환인에는 한국인이 많이 살았던 것이다. 그들을 위해 윤세복은 민족학교 동창학교를 세웠고 민족사학자인 신채호선생을 교사로 모시었던 것이다. 비슷한 시기에 김약연이 용정에서 명동학교를 세우고 치열한 기독교인인 정재면을 교사로 초빙한 것과 대조를 이루는 사건이다. 윤세복은 흥업단興業團·광정단光正團·독립단 등의 항일단체를 조직하여 독립운동에 몸을 바쳤고, 1924년에는 나철·김교헌을 이어, 대종교 제3대 도사교都司教(=교주敎主)가 된다. 윤세복은 매우 후덕한 인물이었다.

신채호는 윤세복의 도움으로 고구려의 도읍지인 환인에서 조선의 학동들에게 국사교육을 시키면서 『조선사朝鮮史』를 집필하기 시작했던 것이다. 이때 신채호의 생애에 일대 전환, 개안 개벽의 신천지가 열리게 된 계기는 바로 환인에 살면서 흘승골성과 하고성자는 물론 집안일대의 고구려유적을 샅샅이 답사하는 행운을 얻은 것이다. 당시 그는 일본문화간첩들처럼, 공구나 조직을 갖지는 못했다. 그러나 그는 홀로 자유롭게 떠돌며, 고구려가 신화가 아닌 방대한 제국의 역사적 실체라는 것을 피부로 실감하고 또 실증하였던 것이다.

나는 2006년 9월 22일 단재 신채호 선생의 묘소를 참배하였다. 단재 선생의 묘소는 청원군 남성면 귀래리에 있다. 이날 나는 청주환경운동연합의 초청으로 서원대학교 미래창조관에서 "우리민족의 역사와 청주의 힘"이라는 제목으로 강연을 했다. 서원대학교 허원 교수의 노력으로 이루어진 것이다. 그 분의 건승을 빈다. 매년 정원에서 직접 가꾼 박하잎을 보내주었는데 올해는 오지 않았다.

단재 신채호가 바로 이 환도성 무덤떼를 바라보며 경악과 찬미와 울분의
탄성을 금치 못했던 그 순간이, 나 도올이 국학에 대한 자각과 회한과 울분의
념을 굳히면서 동일한 자리에 서서 찬탄의 환호성을 지르고 있는 이 시점과
정확하게 100년의 세월을 격하고 있다는 이 공교로운 사실은 과연 무엇을
의미하는 것일까?

단재의 울분은 바로 여기 이 무덤떼의 초원을 걸어보지 않으면 느낄 수 없다!

열해를 갈고 나니
칼날은 푸르다마는
쓸 곳을 모르겠다
춥다 한들 봄추위니
그 추위 며칠이랴

225

환도산성

자지않고 생각하면

긴 밤만 더 기니라

푸른 날이 쓸 데 없으니

칼아

나는 너를 위하여 우노라

  1936년 그가 여순감옥에서 절명하기 직전에 쓴 시다. "열 해를 갈았다" 함은 민족사학의 푸른 칼날일지도 모르겠다. "춥다한들 봄추위니 그 추위 며칠이랴!" 함은 본인은 스러져 가면서도 이 민족에게 앞날의 희망이 기다리고 있음을 본 것이다. 그는 해방을 예언하고 있었다. 그러나 그의 몸은 사그러져 갔다. 과연 그의 푸른 날이 쓸 데 없었을까? 칼아! 나는 너를 위하여 우노라! 단재가 날선 푸른 칼이 쓰여지는 것을 보지못하고 스러지는 것을 한탄한 것은 이해할 만하다. 그러나 오늘날까지도 그의 칼날이 바르게 쓰여지지 못하고 있는 것을 우리는 울어야 한다! 단재의 칼아! 우리는 너를 위하여 우노라!

  단재의 또 하나의 시, 그가 천진에서 썼다는 "너의 것"이라는 제목의 시는 진실로 그가 얼마나 민족과 나라를 생각한 우환의 지사이었는지를 잘 말해준다. 살이 썩어 흙이 되고 뼈가 굳어 돌 되도록 그는 생애 모든 것을 이 나라에 바쳤다.

너의 눈은 해가 되어

여기저기 비추고지고

님 나라 밝아지게

너의 피는 꽃이 되어

여기저기 피고지고

님 나라 고와지게

너의 숨은 바람 되어

여기저기 불고지고

님 나라 깨끗하게

너의 말은 불이 되어

여기저기 타고지고

님 나라 더워지게

살이 썩어 흙이 되고

뼈는 굳어 돌 되어라

님 나라 보태지게

단재는 역사를 "인류사회의 아我와 비아非我의 투쟁이 시간부터 발전하며
공간부터 확대하는 심적활동의 상태의 기록"이라고 애매모호한 말로 정의하
였는데, "심적활동의 상태의 기록"이라 한 것을 보면 헤겔의 『정신현상학』이
말하는 절대정신의 자기발전의 전개과정이라는 테제를 원용하고 있는 것으
로 보인다. 아Ich와 비아non-Ich의 투쟁이라고 한 것도 헤겔변증법의 "부정
의 부정"의 논리를 반영한 것이다. 그러나 단재의 사관을 헤겔의 변증법을 흉
내낸 조야한 아류적 논의라는 식으로 폄하해서는 아니된다.

내가 학부시절에 신일철선생님께서 역사철학시간에 단재를 인용하시면서

무덤의 규모와 적석의 양식에 주목해주기 바란다. 3층의 기단이 계단식으로 3계단 남아있는데 원래는 그 위로 4계단이
더 있었을 것이다. 모두 도굴과정에서 파손되었거나 석재를 훔쳐가는 사람들에 의하여 유실되었다고 보아야 한다. 최근
사회명사라는 자들이 TV프로에 출연하여 장군총 등 왕묘를 보고 뭐 이렇게 작고 시시하냐는 식으로 아무렇게나 말했
다고 하는데 참으로 한심한 작태라 할 것이다. 세계적으로 이러한 무덤떼의 스케일은 유례가 별로 없다. 에집트의 피
라미드조차도 몇 개의 대묘를 제외하고는 이런 스케일을 과시하지 못한다. 문명은 유적의 대소를 따라 가치서열이 생
겨나는 것은 아니다. 그러한 유적을 탄생시킨 문명의 질이나 사회구조, 그리고 그 문명을 창조한 인간의 깊이와 폭, 그
리고 그러한 것을 느끼는 우리의 인식구조가 원융적 일체가 되었을 때 발생하는 특별한 감흥, 감동, 감수, 감오感悟의
코스모스 속에서 그 유적의 실존을 대면해야 하는 것이다. 하찮은 지식이나 서구식 교육의 세뇌에 의하여 자신을 비하시
키는 졸렬한 이지의 엘리트들은 이런 위대한 유적을 쳐다볼 자격이 없다. 모르면 침묵하라! 그대의 치졸한 독설로
선조들의 영령을 모독치 말지어다! 고구려는 말한다! 한얼이여 깨어나라!

환도산성

237
환도산성

입구팻말: "전국중점문물보호단위全國重點文物保護單位 동구고묘군洞溝古墓群 산성하묘구山城下墓區. 중화인민공화국 국무원 1961년 3월 4일 공포. 집안시 인민정부 1992년 9월립." 공포 주체가 상위기관인 국무원으로 되어있고, 1961년에 이미 보호단위로 지정되었다는 것이 특이하다. 홍위병의 난동이 여기까지는 미치지 않았는지… 잘 모르겠다. 현재의 묘소의 모습들은 상당부분이 무너진 것을 보수한 흔적이 보인다.

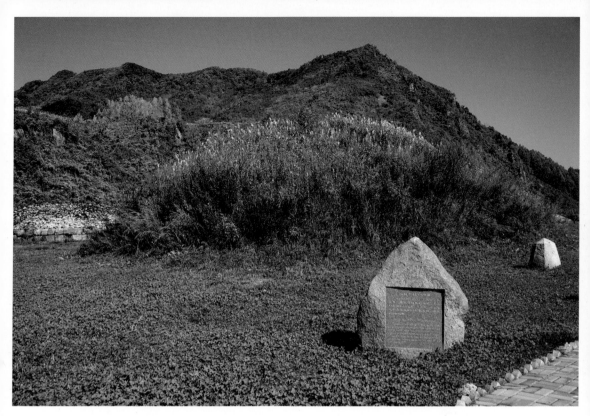

무덤떼 입구에 있는 특이한 봉토분묘인데 앞에 있는 팻말은 이러하다: "산성하 1411호묘. 편호編號SM1411, 고구려귀족묘장墓葬. 절첨방추형봉토석실묘截尖方錐形封土石室墓, 봉토변장邊長 13.6m, 고高 4m. 묘상유화강암착성적팔릉형석비墓上有花崗巖鑿成的八稜形石碑, 연대 약 5세기 말." 위에 봉토가 있고 그 안에 석실이 들어있는데, 재미있는 사실은 봉토 꼭대기에 화강암을 팔각형으로 다듬은 석비(팻말 뒤로 보인다)가 있었다는 사실이다. 이것은 아마도 하늘과의 소통을 상징하는 요즈음 말로 하면 안테나 같은 것이었을 것이다.

아래는 잔돌을 쌓아올린 적석묘인데 2층기단은 방형이고 석실 입구가 지상으로 크게 뚫려있다는 것이 특징이다.

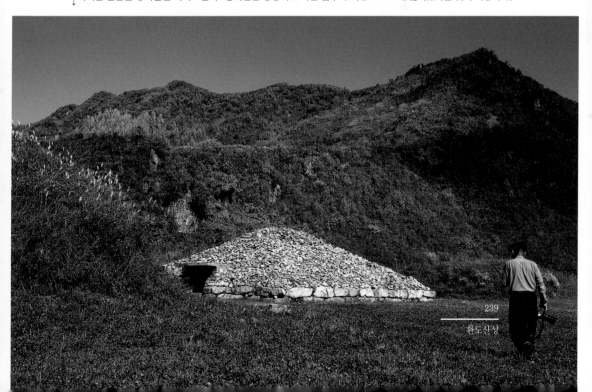

여기 보이는 수많은 적석분묘가 과연 "고구려귀족무덤떼"라는 단순한 규정의 도매금으로 넘어가버릴 수 있겠는가? 고구려라는 강성한 제국을 형성하고 유지하는 데는 위대한 재상들과 장군의 공로가 컸다. 고국천왕故國川王 때의 재상 을파소乙巴素만 하더라도 초야에 묻혀 지내던 소인素人이었는데 일거에 파격적으로 국상國相으로 등용된 인물이었다. 왕은 그러한 파격을 감행할 줄 알았고, 을파소는 죽을 때까지 왕의 신임을 배신하지 않았다. 을파소는 나라 방방곡곡을 끊임없이 두발로 걸어다니며 민원을 해결해주었고 명판결을 내렸으며 민생의 취약점을 파악하여 개선하였다. 고구려가 강성해지는 기초를 이런 재상들이 닦은 것이다. 그는 억울하고 가난한 백성의 어버이로서 ↗

국민들의 사랑을 받았다. 그가 국상 된지 13년만에 세상을 떠났는데 온 국민이 친아버지를 잃은 듯이 구슬피 통곡하였다고 한다. 신대왕新大王 때의 국상 명림답부明臨荅夫, 동천왕 때의 국상 명림어수明臨於漱(명림이 고구려 대성이라는 것을 알 수 있다), 동천왕 때의 장군 밀우密友, 뉴유紐由 같은 사람들은 모두 나라를 위하여 몸을 바친 큰 인물들이었다. 여기 무덤떼의 주인공들은 대부분 이러한 국민들의 존경을 한 몸에 모은 사람들일 것이다. 여기 쌓아올린 한 돌 한 돌 속에 고구려인들의 슬픔과 정성, 나라를 사랑하는 마음이 담겨져 있다고 생각하면 과연 지나친 해석일까?

피라미드 하면 우리는 기자Giza의 쿠푸왕 무덤(BC 2570년경 완성, 높이 146m, AD 1880년 꼴로네 대성당Cologne Cathedral이 만들어지기까지 세계최고의 건축물이었다)을 생각하지만, 그것은 고왕조 Old Kingdom의 제4다이내스티에 속하는 것인데 매우 과장되고 특수한 것이다. 여기 내가 찾아가고 있는 피라미드야말로 제3다이내스티 제2대왕인 조세르Djoser의 것으로 에집트 최초의 피라미드인데 고구려 무덤떼에서 보는 것과도 같은 계단식(6계단) 돌무덤이다. 부속된 신전의 그람도 사냥, 전쟁, 씨름 등의 소재를 다루고 있어 고구려벽화와 크게 다르지 않다

사카라Saqqara 지역에는 조세르왕 무덤을 포함하여 11개의 왕묘가 있고, 왕의 가족들, 행정가들, 장군들, 성스러운 동물의 묘가 수백 개 7km에 펼쳐져 있다. 위, 아래에서 보듯이 다양한 형태의 돌무덤이 있는데 고구려무덤보다 규모가 작은 것이 대부분이다. 최초의 계단식 피라미드의 설계자는 조세르왕의 재상이었으며 과학자며 현자였던 임호테프Imhotep(사진)였다. 임호테프는 왕이 아니면서도 왕의 반열로 예우되었고, 죽어서 신이 되었다. 멤피스의 신 프타Ptah의 아들로 승격되었고 또 의술의 신으로 되어 그의 신전은 환자들이 들끓었다. 헬라스인들은 그를 의신 아스클레피오스와 동일시 했다.

에집트인들은 인간이 몸(Body, 물리적 형태)과 카ka와 바ba라는 세 성분으로 구성되어 있다고 생각한다. 카와 바는 번역이 불가하지만, 방편상 카는 혼, 바는 백으로 번역해도 무방하다. 인간이 죽으면 카와 바가 몸과 분리되는데, 이 분리된 카와 바가 다시 합쳐지면(몸은 빼놓고) 아크akh가 된다. 아크는 불멸의 존재이다. 시체(몸)를 미이라로 만드는 이유는 몸이 썩으면 바가 가능할 수 없기 때문이다. 몸이 온전해야 카와 바가 합쳐질 수 있는 것이다. 피라미드는 파라오가 아크가 되는 제식이 펼쳐지는 곳이다. 피라미드는 나일강이 범람하는 하류 델타지역에 밀집되어 있다. 나일강이 범람하면 평소 수면보다 4.4m가 올라오면서 거대한 호수가 된다. 그 물이 점차 빠지게 되면 언덕이 드러나면서 생명이 피어오른다. 이러한 "생명의 언덕"의 세계관이 피라미드를 탄생시켰다. 피라미드는 하늘과 땅이 소통되는 생명의 근원이었고, 그것 자체로 하나의 코스모스였다. 고구려인들에게도 적석묘를 만드는 그들만의 고유한 우주관cosmology이 있었을 것이다.

미숙한 철학적 사유의 한 전형인듯 가볍게 말씀하시고 지나가는 것을 여러번 들은 적이 있는데, 우리는 단재의 사유의 미숙함을 말하기 이전에 그의 감성적 인식의 전체상과 시대적 담론의 한계속에 포함된 그의 절규의 핵심을 보다 순결하게 파악할 필요가 있다. 환도성을 걸어보지 않고서는 도저히 단재를 말할 수 없다. 100년전 이 시각, 그의 경악과 경이와 경종의 숨결을 다시 한번 호흡해보지 않고서는 그의 울분을 운위할 수 없다.

그가 역사를 "아我와 비아非我의 투쟁"이라 말하는 것은 헤겔 변증법의 아류가 아니라, "아我"라는 역사의 주체성을 어떻게 설정하느냐 하는 문제에 관한 고민의 표현이다. 아와 비아가 전도되고, 그 구분이 모호해져가는 주체성 상실의 식민지시대에 그는 아我를 비아非我를 통하여 선명하게 드러내고 싶은 심정에 사로잡혀 있을 뿐이다. 그리고 일제의 제국주의적 사관에 의하여, 조선역사의 본질이 주체성이 빈곤한 분열주의적·사대주의적 경향성에 예속되어 있는 것인냥 왜곡기술 당하고 있는 현실, 그리고 그러한 왜곡에 편승하여 곡학아세하는 지성계의 추태를 통렬히 통척하고 있는 것이다.

나는 의과대학에서 면역학Immunology강의를 들으면서 단재 신채호 생각을 무수히 했다. 단재가 역사를 아와 비아의 투쟁으로 본다면, 현대의학의 가장 첨단을 달리고 있는 면역학의 모든 교재 또한 다음과 같은 말로 시작하고 있다는 사실을 기억해야 한다: "모든 생명의 역사는 자기Self와 비자기non-Self의 투쟁의 역사이다." 생명이란, 유기체이다. 유기체라는 것은 살아있는 동안, 그 나름대로의 특이한 보편적 통일성을 항상적으로 유지하지 않으면 안된다. 이 통일성의 혼란이나 교란상태에 대처하는 몸의 기능을 우리는 면역체계immune system라고 부른다.

그런데 이 면역체계라는 것은 아我와 비아非我를 철저히 구분하는 정보교환양식에 기초하고 있다. 보통 면역학에서 비아 즉 넌셀프non-Self는 이물질 foreign body이라 부르는 것으로서 학문적으로는 그것을 항원抗原antigen이라 부른다. 이 이물질은 생체내에서 면역반응immune response을 불러일으키는 근원이 되므로 항원이라고 이름하는 것이다. 이 항원의 자극에 의하여 만들어지는 단백질 분자들(면역글로블린immunoglobulin)로서 특정한 항원과 결합하여 항원항체반응을 일으키는 그 주체를 항체antibody라고 한다.

단재의 말대로 한다면 항체는 아我가 되고, 항원은 비아非我가 된다. 면역에서 세포매개면역(T세포 관여)과 체액매개면역(B세포가 주동)이 있는데 이것은 모두 결국 자기我와 비자기非我를 구별해내서 비자기세포를 파괴하는 과정이다. 비아는 외부에서 침입할 수도 있지만 체내에서 발생할 수도 있으며, 아我의 비아非我에 대한 인식도 오류가 있을 수 있다(과민반응, 알러지). 하여튼 생명이 존속하는 과정에서 아我에 대하여 비아非我는 계속 존속하게 마련이다. 암이라는 비아도 체내에서 계속 생성되게 마련인데, T세포(여러 종류가 있는데, 그 중 natural killer cell 즉 Tc세포)가 항상 제거함으로써 우리는 정상적 삶을 유지한다. 암이라는 비아의 발생이 Tc세포의 허용범위를 넘어설 때 암이라는 현상이 나타나는 것이다. 하여튼 우리 몸의 면역체계는 한 국가존속의 체계와 매우 유사하며 그 면역체계의 과정을 "역사"라고 보아도 별 무리가 없을 것이다.

신채호의 아와 비아의 투쟁의 역사는 헤겔류의 변증법적 진보사관이라기보다는 면역학적 유기체사관the organismic interpretation of history으로 이해하는 것이 보다 정당할 것이다.

헤라클레이토스는 말한다: "투쟁은 보편이다. 정의는 투쟁 속에만 있다.One should know that war is general(*universal*) and jurisdiction is strife, and everything comes about by way of strife and necessity."(Fr.80). 또 그는 말한다. 전쟁이 평화이고, 평화가 곧 전쟁이다. 전쟁과 평화는 번갈아 오는 것이 아니다. 그것은 항상 모든 순간에 동재同在하는 것이다. 신채호는 이런 투쟁의 텐션을 조선의 역사에서 찾으려 했던 것이다.

신채호의 주체사관의 핵심에는 조선상고사에 대한 새로운 인식이라는 과제상황이 놓여져 있다. 조선역사라고 하는 유기체에는 척추는 있으되 그 척추의 본령인 두뇌가 없다는 것이다. 조선의 역사의 핵심(두뇌)은 이미 삼국시대 이전에 형성된 것인데, 김부식이래 작금의 역사는 한국의 역사를 삼국시대 이후로만 보았다는 것이다. 생선을 놓고본다면 대가리는 없고, 그 밑으로 내려온 가시뼉다귀부분만 있는 셈이다. 대가리없는 몸둥이가 제 기능을 할 리가 없다.

김부식은 『삼국사기』에서 고구려가 BC 37년부터 AD 668년까지, 705년간 존속한 것으로 규정하고 있으나, 단재는 고구려의 역사는 200여년이 삭감되었다고 주장하면서 고구려는 900년 이상을 존속한 것으로 보아야 한다고 주장한다. 단재는 한무제와 대결한 세력이 고구려라고 주장한다.

그가 아我와 비아非我의 구분을 내세우는 것도 결국 조선상고사의 주체를 고구려·백제로 보아야지, 신라로 볼 수 없다는 생각이 깔려있는 것이다. 고구려는 끊임없는 비아와의 투쟁에서 선명한 아我의 중심축을 가지고 있었던 문명이었음에 반하여 신라는 대외투쟁을 거의 경험하지 않았을 뿐 아니라 외세를 끌어들여 자국의 세력을 멸망시킨 불행한 비아적 성격의 주체라고 보는 것이다. 이러한 맥락에서 단재는 삼국통일에 대하여 긍정적 가치를 부여하지 않는다.

하여튼 이러한 단재의 생각은 20세기 초엽의 생각임에도 불구하고 매우 선진적인 사유요소를 지니고 있으며, 독자적 사학의 경지를 확보하고 있다. 그는 자신의 사학이 관념사학이 아니라 실증사학이라고 주장한다. 문헌에 기초한 역사서술이야말로 관념의 오류에 물들여진 임의의 기술일 수 있는 것이다. 그러나 단재가 주장하는 실증성이 현대학문의 고고학적·문헌학적 실증성을 제대로 확보하고 있지 못하다는 측면에서 오히려 그의 주관적 독단성을 비판하는 조류가 풍미해 있지만, 우리는 그의 "실증성"을 실증해보는 진지한 시도를 해보기도 전에 그것을 관념적 허구로 배척하는 오류는 범하지 말아야 할 것이다.

신채호는 이승만이 상해임시정부의 대통령으로 취임할 자격이 전혀 없는 엉뚱한 인물이라는 것을 간파한 최초의 인물이었으며, 내내 이승만이라는 존재의 가치를 부정하는 열렬한 투쟁을 벌였다. 하여튼 1922년 겨울부터 그는 약산 김원봉의 요청으로 의열단의 독립운동 이념과 방략을 이론화하는 메니페스토, 『조선혁명선언』을 집필하였고(1923년 1월, 상해에서 초판발간), 그 시기에 상해에서 1923년 1월 3일부터 개최된 국민대표회의(1923년 1월부터 6월까지 5개월 동안 국내외 각지의

환도산성

독립운동가들이 중국 상해에 모여 대한민국임시정부의 개편을 비롯하여 독립운동계의 현안을 논의한 회의)에 창조파의 맹장으로 활약하면서 상해임시정부의 전면적 개편을 요구하였다.

신채호는 이승만이 임정 대통령에 당선되었을 때부터, "**이완용은 있는 나라를 팔아먹었지만, 이승만은 없는 나라를 팔아먹으려 한다**"라고 성토했다. 그의 주장이 관철되지 않은 채 국민대표회의가 결렬로 끝나버리고, 민족독립운동의 통합에 대한 비전이 흐려지자, 실의와 좌절속에서 칩거하면서 불교에 심취하고(『유마경』『능엄경』『대승기신론』연구), 국사연구에 몰두한다.

『조선혁명선언』은 1922년 겨울, 매서운 바람이 단재의 북경거소 창문을 세차게 흔들어댈 때, 바람소리에 몸을 숨기고 나타난 약산의 부탁으로 집필케 된다. 심산 김창숙도 의열단의 고문역할을 하고 있을 때였다. 신채호는 1919년 상해에서 기미독립선언문을 받아들고 그 당장에서 찢어버렸다고 한다. 내용이 너무도 맥아리가 없고 장기적 비전이나 구체적 투쟁방략이 없었기 때문이다. 그가 쓴 『조선혁명선언』은 항일민족전쟁의 이론과 방략을 체계적으로 제시한 웅혼한 문장이며, 조선민족 당위의 핵심이다. 의열단에 투신하여 목숨을 아끼지 않고 일제요인과 기관을 암살, 파괴했던 한국의 건아들의 가슴속에는 반드시 이 선언문이 있었다. 독립혁명의 주체로서의 해야만 할 일을 한다는 기쁨이 충만했던 것이다. 이 작은 책자는 나의 고대 동문인 박정규朴正圭 선생이 만드셔서 보급한 것인데 박 교수님은 평생을 단재 관련 자료를 수집하고 그 가치를 선양하는 데 헌신해오신 훌륭한 분이다. 박 교수님께 감사한다.

1924년 가을부터 단재는 북경대학의 도서관을 이용하면서 국사연구를 재개, 『조선사』를 맹렬하게 집필하였다. 그는 당시 북경대학교 총장이었던 채원배蔡元培, 1868~1940와 교분이 두터웠고, 고궁박물원故宮博物院을 창건했으며 당시 북경중법대학北京中法大學 총장이었던 이석증李石曾, 1881~1973과는 절친한 친구였다. 그가 국사의 집필에 전념할 수 있었던 시기는 북경에 안정적으로 머물면서 공부할 수 있었던 시기였는데, 대체로 다음 3시기로 분류된다. 1) 1915년 환인 동창학교에서 돌아와 3·1독립항쟁이 일어나던 1919년까지 4년간. 2) 1920년 4월부터 1922년 12월까지. 3) 1924년 가을부터 무정부주의 독립전쟁에 적극 참여하기까지. 신채호는 1928년 4월에 한

국인 중심의 무정부주의 동방연맹 북경회의를 주도적으로 개최했다. 그리고 1928년 5월 8일, 대만 기륭항基隆港에서 일경에 피체되어 여순감옥에 갇힌다. 1936년 2월 21일 여순감옥에서 순국하였다.

그런데 이 단재의 『조선사』는 『조선일보』 학예란에 1931년 6월 10일부터 10월 14일까지 103회에 걸쳐 연재되었다. 당시 이 연재의 인기는 하늘을 찌를 만큼 높았다. 그런데 단재는 이때 여순감옥 속에 있었고 자신의 원고가 『조선일보』에 연재되는 자세한 상황을 알지 못했다. 이 연재는 평소 단재를 흠모하던 민세民世 안재홍安在鴻이 지인을 통하여 그 원고를 획득하여 연재케 된 것이다. 단재는 1931년 11월 16일 자기를 방문한 신영우에게 완벽한 연구가 아니니 발표를 중지시켜 달라고 요청했다. 단정적 연구가 되어서는 아니되며 10년의 고역을 무사히 마치고 나가게 된다면 다시 정정하여 발표하겠다고 말했다. 『조선사』의 연재는 조선상고사에서 끝났기 때문에, 『조선상고사』라는 제목의 단행본으로 1948년 10월 종로서원에서 간행되었다(1946년 4월 광한서림廣韓書林판도 있다).

내가 지금 여기서 무엇을 더 말하리오. 고대사의 비밀을 단재도 나도 홀로 풀 수는 없는 것이다. 우리는 그저 단재의 시구절 마지막 일행을 되씹는 수밖에 없다.

갈아! 나는 너를 위하여 우노라!

우리는 돌무덤 군에서 너무도 웅장한 두 무덤을 보았는데 "형총兄塚" "제총弟塚"이라 쓰여져 있었다. 형과 동생이 나란히 묻혔을까? 이날 나의 카메라에 담긴 영상들은 나의 생애 최고의 작품이었다고 말하고 싶다. 오전의 싱그러운 햇살이 선명한 대비의 질점을 형성하면서 화려하게 펼치는 경색景色,

통구하의 시냇물 소리와 함께 같이 흐르는 기의 무도舞跳는 천상천하 지고의
예술이었다.

나는 일행과 더불어 환도산성의 무덤떼를 떠나기 전에 고구려의 조상들에게
5배를 하는 제식을 행하였다. 나는 속으로 이렇게 외쳤다: "다 이루었다." 이
것은 결코 자만이나 초탈이나 회고의 메세지가 아니다. 예수도 결코 다 이루
지 못했다. 그는 인류의 역사에 너무도 많은 배타와 피의 갈등을 남겨놓았다.

물리학자 하이젠베르그가 닐스 보아 연구소에서 조교로 있었던 젊은 어느 날(1923년 경), 그는 선생 보아와 함께 덴마크여행을 떠난다.
하이젠베르그는 닐스 보아와 원자의 내부구조에 관해서 끊임없는 대화를 해왔고, 그 구조를 기술하는 "언어"와 "이해"라는 말에
관하여 계속 의문을 제기해왔다. 이 둘은 단 둘이 배낭여행을 떠나, 헬싱괴르Helsingör의 크론보르크성Kronborg Castle의 외곽을
순회하는 길을 걷고 있었다. 크론보르크성은 광기를 가장했던 덴마크의 왕자 햄릿에 관한 전설과 얽혀있다. 보아는 갑자기 하이젠
베르그에게 이 성을 가리키며 외친다: "바로 이 성에 햄릿이 살았다는 것을 알고나면 이 성이 달리 보이는 것은 참으로 이상한
일이 아닙니까? 이 성의 돌과 이끼는 우리가 햄릿을 알게된 후에도 아무런 변화를 일으키지 않았는데도 불구하고 이 성은 완전히
다른 성이 되어버리고 맙니다. 이 돌벽이 우리에게 다른 언어로 이야기를 걸어오지요. 우리는 이 성을 바라보면서 죽느냐 사느냐
라는 물음을 듣게 됩니다." 과학의 세계에서도 인간의 이해는 사건의 실상 그 자체에 영향을 미친다. 하물며 역사라는 사건의 집합을
대하는 우리가 어떻게 우리의 인식에 관하여 끊임없이 질문을 던지지 않을 수 있겠는가!

보통 유교적 제식에 3배까지는 있어도 5배라는 것은 없다. 나에게 고구려는 특정한
조상이나 왕의 존재를 초월하는 카리스마였고 바람이었다. 5는 영원의 수the number of
Eternity였다. 경건한 마음을 지닐 수 없는 자는 이 영내에 들어오지 말지어다!

앞의 것이 세총弟塚, 뒤의 것이 영총兄塚. 세총은 제1단의 안 면이 19m 정도, 영총은 22m 정도.
둘 다 그 안에 적석광실積石壙室의 현실이 있었다. 형·동생은 1935년 일본인 세키노 타다시關野貞,
1867~1935(메이지·쇼오와 시대의 건축사가)가 조사하면서 붙인 이름이다. 당시 이 지역은 위만주국에
속했으니 문자그대로 일본학자들의 자유천지였다. 일본인들의 조사의 실제내용을 우리가 세부적
으로 알 길이 없다. 안타깝다.

환도산성

우리는 이제 환도산성을 떠난다. 여기 보이는 이 강이 바로 통구하通溝河! 우리가 여태까지 탐색한 분묘군은 바로 이 통구하의 왼쪽 부지에 펼쳐져 있던 것이다. 오른쪽 절벽이 우산禹山이다. 이 사진을 아무도 안 찍었는데 다행스럽게도 아내 최영애 교수가 포착해놓았다.

그러나 우리의 고구려여행은 여기서 끝난다 해도 더 요구할 것이 없는, 아주 평화로운 그리고 아주 조용한 깨달음의 시작이었다. 다음의 여정은 집안시 동북쪽 4.5㎞에 자리잡고 있는 그 유명한 장군총將軍塚이었다.

역사는 사실만의 나열이 아니다. 역사는 깨달음이다. 이제부터 나는 사실에 관한 보고는 간략히 하려한다. 내가 쓰고 있는 것은 여행보고서나 답사보고서가 아니기 때문이다. 어쩌면 내가 느낀 것을 독자들이 느낄 수 있는 유일한 길은 당지에 와서 직접 자신의 감관을 통하여 그러한 느낌을 전달받는 수밖에는 딴 방법이 없을 것 같기도 하다.

세칭 장군총

　지금 우리가 흔히 장군총이라 부르는 이 거대한 7층의 방형계단석실묘는 보통 장수왕의 능묘로 규정되고 있지만, 이 능묘가 장수왕의 무덤임을 확증할 수 있는 자료는 아무 것도 없다. "동방의 피라미드"라 하기에 조금도 손색이 없는 이 무덤은 우리가 볼 수 있는 모든 석총의 전형이며 가장 완벽한 원래의 모습을 보존하고 있다는 의미에서 집안지역의 고적 중에서 가장 찬란한 빛을 발하고 있다. 북쪽으로는 용산龍山이 있고 서쪽으로는 우산禹山이 지키고 있으며 동남쪽으로 압록강이 넘실거리고 있다. 바로 앞으로는 광활한 언덕 초원이 펼쳐져 있는 그 웅위한 자태는 실로 고구려인의 호쾌한 기질을 맛보기 위해서 제일 먼저 가보지 않을 수 없는 굉대宏大한 장관壯觀이다.

　고대인들이 돌을 다룬 솜씨는 고대세계Ancient World 어느 문명권을 가봐도 찬탄을 자아내기에 족하지만, 고구려인들이 돌을 가공한 지혜는 오늘날 우리 상식으로도 잘 설명이 되기 어려운 위대함이 있다. 이 장군총을 구성

장군총 묘역 전체를 보여준다. 세칭 장군총은 집안시 국내성 동북 4.5km 지점에 있으며 만포시 압록강을 바로 내려다보고 있다. 장군총 뒤로 보이는 긴 능선의 산이 "용산龍山"인데 주몽이 승천한 "홀본동강忽本東岡"의 용산일 가능성도 있다. 그것은 우산禹山의 줄기이며 그 너머에 바로 환도산성과 통구하가 있다. 이 전체가 고구려의 지고한 성역이었다. 여기서 제사지낼 때는 죄인의 대사면이 이루어지기도 했으니, 요즈음 광복절특사 같은 것도 이런 전통을 계승한 것이다.

261
상고종

논의의 전개를 따라오기 위해서는 장군총의 전모를 파악하는 것이 중요하다. 여기 보이는 것이 정면인데 서남을 향하고 있다. 방단계제석실묘方壇階梯石室墓의 전형이며, 해발 275.84m에 위치하고 있다. 7계단인데 최하단만 4층, 나머지는 3층, 총 22층이다. 한 변에 3개의 호분석이 있고, 제5단에 석실(현실)이 있다. 꼭대기는 평평한데 아름다운 목조 제사누각이 높이 솟아있었다. 이 꼭대기에서 기와, 와당이 발견되었다.

장군총

한 방대한 화강암 벽돌의 적석양식은 크게 보면 7계단이지만, 한 계단이 최하단은 4층으로 되어 있고 나머지는 3층씩 올라가기 때문에 전부 22층이다. 아래는 큰 돌을 썼고 위로 갈수록 돌은 작아진다. 제일 하단은 정방형이라 말할 수 있는데, 한 변이 31.58m 정도 된다. 묘고는 13.1m에 이른다. 겉을 마감하는데 들어간 돌벽돌의 숫자만 1,100개가 넘는다. 그런데 한 층의 석괴와 다음 층의 석괴를 쌓을 때 아랫층 가상자리로 볼록한 테두리를 만들어 상층의 석괴가 밀려나지 않도록 짜맞춘 솜씨(그러니까 아랫층의 돌을 가상자리를 빼놓고는 전면적으로 깎아 낮추었다)는 저 남미 페루 꾸스꼬 잉카문명의 유적지의 석축의 정교함을 연상시킨다.

잉카제국의 수도, 우주의 배꼽인 꾸스코Cusco(해발 3,399m)에서 동북방으로 200m 정도 올라가면 삭샤이후아망 Sacsayhuaman이라는 거대한 석성이 나온다. 이것은 거대한 퓨마의 형상 산세의 머리에 해당되는 부분인데 석성이 퓨마의 이빨 형상으로 되어 있다. 그런데 어떤 돌은 9m, 350t에 이른다. 구성석괴가 부정형인데도, 모든 돌이 정확하게 이가 맞는 정교한 방식으로 결구를 형성하고 있다. 인간의 노력 치고 신비로운 경지를 과시하고 있다. 잉카문명은 12세기 시작되었다고는 하지만 이 석성은 그 훨씬 이전부터 전승·팽창된 것이다. 아마도 피라미드시대까지도 소급될 수 있을지도 모른다. 예수의 복음을 빙자하여 꾸스꼬를 멸망시킨 스페인 정복자 피사로Francisco Pizarro, 1475~1541와의 혈전도 이 장소에서 펼쳐졌다. 스페인군대는 여기를 군사요새로 인식했지만 잉카인들에게는 성스러운 생활공간일 뿐이었다.

← 여기서 100m 정도를 더 올라가면 땀보마차이Tambomachay라는 성소가 나오는데 해발 3,700m인데도 물이 콸콸 쏟아진다. 땀보마차이 성소의 돌벽도 치밀하게 짜맞추어 져 있다. 돌벽 최하단 홈으로 물이 흐르고 있다. 옛 사람들의 돌 다루는 솜씨는 인류의 공통된 열망의 산물일까?

265
장군봉

고구려인들이 돌을 다룬 솜씨는 에집트 고·중왕조사람들이나 잉카
문명사람들 못지않게 정교하다고 말할 수 있다. 사실 적석의 기술
은 BC 3000년이나 AD 500년이나 조건의 차이가 없기 때문에 동일
한 차원의 인간노력이라고 보아야 한다. 장군총의 최하단 최대석괴
는 길이 5.7m, 너비 1.12m, 두께 1.10m에 달한다. 그런데 그 묘미는
북한학자들의 표현을 빌리면 "멈추개턱"에 있다.

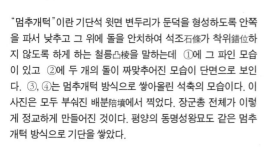

"멈추개턱"이란 기단석 윗면 변두리가 둔덕을 형성하도록 안쪽을 파서 낮추고 그 위에 돌을 안치하여 석조石條가 착위錯位하지 않도록 하게 하는 철릉凸棱을 말하는데 ①에 그 파인 모습이 있고 ②에 두 개의 돌이 짜맞추어진 모습이 단면으로 보인다. ③, ④는 멈추개턱 방식으로 쌓아올린 석축의 모습이다. 이 사진은 모두 부숴진 배분陪墳에서 찍었다. 장군총 전체가 이렇게 정교하게 만들어진 것이다. 평양의 동명성왕묘도 같은 멈추개턱 방식으로 기단을 쌓았다.

뿐만 아니라 동·서·남·북의 매 측면에 육중한 호분석護墳石을 3개씩 받치어 놓았는데(북측의 세 호분석 중 중앙의 하나가 사라져 11개가 현존하고 있다), 호분석 1개의 중량이 15톤이 넘는 거대한 자연 석괴인데, 이 호분석의 모습이야말로 정교한 적석과 대비되는 육중하고도 거친 자연미를 과시한다. 고구려인의 웅혼한 미감의 절정인듯한 느낌을 준다. 호분석은 마치 능묘를 지키는 돌 사천왕과도 같은 느낌을 주는데, 그것은 무덤 전체의 외장력外張力을 저소抵消시키는 매우 구체적인 기능이 있으며 1,600년 동안 장군총이 온전한 모습을 유지하게된 오묘한 비밀을 간직하고 있다 할 것이다.

멈추개턱凸稜도 세부적으로 착위錯位를 방지하기 위한 것이지만, 더 큰 미끄러짐 방지장치는 호분석이라는 고구려인 특유의 발상이다. 적석 하부에 미끄러짐을 방지하기 위하여 수십 톤 나가는 거석을 그냥 경사각으로 눕혀놓은 것인데 그 모습이 사실 그로테스크 하다면 매우 그로테스크 하다. 적석총 자체는 그토록 기하학적으로 정교하게 다듬어놓고, 전혀 그 정교함과 어울리지 않는 다듬지 않은 통돌을 덮혀놓는다는 발상은 고구려인의 특이한 기질을 전제하지 않으면 이해하기 어렵다. 정격과 파격이 격없이 어울리는 이 호분석의 미학 속에 고구려제국이 크게 꽃을 피울 수 있었던 비밀이 숨어있지 않나, 나는 그렇게

생각한다. 아름다움은 충돌의 요소를 제거하는 데 있는 것이 아니라 충돌의 요소들을 통하여 새로운 차원의 콘트라스트와 조화를 달성하는 것이다. 에집트인들은 최외곽의 돌을 톱니 모양으로 다듬어 빤질빤질한 평면으로 만들어놓았는데 그것은 시간이 지나면서 다 벗겨져 버렸다. 호분의 기능은 없었다. 이 큰 돌은 어디서 왔는가? 오녀봉채석장에서 온 것이다. 에집트인들은 나일강 범람을 활용하여 바로 피라미드 곁까지 돌을 배로 날랐다. 그러나 고구려인은 겨울에 얼음골짜기를 활용하여 운반했는데 그 길이 사막과 달리 심산유곡의 굽이치는 길이었기 때문에 훨씬 더 난감했을 것이다.

장군총

장군총은 방형계단석실묘의 전형으로서 남측 제5계단 가운데에 묘실로 들어가는 묘도墓道가 개구하고 있다. 묘실은 제3계단으로부터 쌓아올렸는데 묘실의 길이와 너비는 각각 5m 정도, 높이가 5.5m, 네벽이 모두 6층석조石條로 이루어져 있다. 이 석실을 덮는 천정덮개석은 60m²의 거대 화강암 통돌판인데 그 무게가 50여톤에 이른다. 이 무덤에서 제일 큰 석재라 할 것이다. 7층의 최상층 정수리부분은 에집트의 피라미드처럼 뾰족한 것이 아니라 정방형의 공터가 있는데 한 변이 13.5~13.8m 정도 된다. 이 공터에는 원래 천신天神에게 제사를 지내는 특별한 개와집 누각이 있었다.

장군총의 석실은 거의 정방입방체에 가까운데, 지금 올라가 볼 수가 없다. 그러나 이 석실은 일찍이 도굴되어 아무것도 없었다. 단지 두 개의 석관상石棺床(=관대)이 남아 있을 뿐이다. 이 석관상은 동서로 놓여있는데 이 돌 역시 멈추개턱이 둘러져 있다. 관이 미끄러지지 않도록 한 것이다. 석관상 두 개 중 하나는 더 크고 높다.

② 연화문수막새
출토지미상, 지름 15.0cm

③ 연화문수막새
평양 상오리, 지름 17.6cm

④ 연화문수막새
평양 청암리, 지름 16.8cm

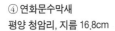

① 장군총(=집안 동명왕릉)
꼭대기에서 수습된 연화문蓮花紋 와당

상부의 와당 중 ①은 장군총 꼭대기 신전에 있었던 것이다. 나머지 ②, ③, ④는
모두 비슷한 문양의 고구려 와당이다(유금와당박물관 소장품). 하부의 사진은 평양
력포구역 진파리眞坡里 제4호무덤(평양 동명왕릉 부근)의 천정벽화인데 연꽃문양
이 여기 와당문양과 아주 비슷하다. 특히 ②와의 유사성이 놀랍다. 벽화 연꽃의
주변의 잎새모양은 당초무늬라고 하는데 에집트·희랍미술의 식물문양에서 사라
센문양에 걸쳐 나타나는 범세계적 문양이다.

집안의 장군총(동명성왕릉)과 역사상 가장 거대한 적석분묘인 쿠푸왕의 피라미드(높이 146.70m, 최하기단 한 변 230.60m)가 모두 현실이 적석 한가운데 있다. 동명왕 현실은 전 높이의 2/3정도 높이에 있고 쿠푸왕의 현실은 1/3정도의 높이에 있다. 양자가 혼백이 하늘로 가기 위한 장치라는 점에서 일치하고 있다. 에집트의 계단식분묘는 하늘로 오르는 계단을 상징한다고 한다.

↓하단의 사진은 내가 그 쿠푸 피라미드의 핵심부분인 현실에 들어가서 찍은 것이다. 그 거대함을 알 수 있다. 피라미드의 중앙에 위치했는데도 외부와 공기가 통한다. 카와 바가 갇히지 않는다.

273
장군총

↑ 광개토대왕릉에서 발견된 명문전銘文塼
←그러나 그 진품은 요녕성박물관에 있다. 나는 그 진품을 찍어 여기 보인다.
　이 명문 하나가 관련된 역사적 사실들의 결정적 기준이 된다는 것을 생각
　하면 기록의 중요성을 다시금 생각케 한다.

이 장군총은 원래 시조 동명성왕을 모신 곳이다, 산상왕의 능이
다, 호태왕의 능이다, 장수왕의 능이다 하는 등등의 여러 설이 난
무하고 있었는데, 지금 대체로 사계의 학인들이 장수왕의 능으로
낙착을 지어 놓았다. 그 강력한 이유는 호태왕비 서쪽 360m 밖
에 있는 거대한 묘가 태왕릉으로 확정되었기 때문이었다.

　청나라 광서연간에 이 묘역을 조사할 때 무덤 꼭대기 부근
에서 무수한 와당과 명문전銘文塼(글씨가 돌출되어 있는 구운벽
돌)이 발견되었는데, 그 중 하나가 "원태왕릉안여산고여악願
太王陵安如山固如岳"(우리 호태왕의 능이 산山처럼 편안하고 악岳처
럼 견고하기를 비옵나이다)이라는 글씨가 명료하게 옆 면에 부
조로 찍혀 구워져 있었다. 이 명문전은 현재 집안박물관에
진열되어 있는데, 이 명문전 하나로도 그 무덤이 호태왕의
능이라는 것을 입증하기에는 충분하다 할 것이다.

장군총 바로 옆에 광개토대왕의 능과 비가 있다는 사실로 미루어 보아, 이 장군총은 그 능비를 세운 아들 장수왕의 것임에 분명하다는 것인데, 과연 그러한 상식적 막연한 판단만으로써 장수왕이 장군총의 주인이라는 사실이 확보될 수 있을 것인가? 더구나 장수왕은 재위 15년에(AD 427) 평양으로 천도하였다. 평양으로 천도한 후에 이 환도성 지역은 서서히 그 중요성을 상실했을 뿐 아니라 쇠락의 길을 걸었다. 뿐만 아니라 장수왕은 불과 20살의 나이에 왕위에 올라(AD 413), 34살 때 평양(하평양을 의미하며 오늘날 우리가 알고 있는 평양. 이전의 평양은 요동, 요서지역에 있던 평양이었다)으로 천도를 했으며, 새로운 수도에서 자그만치 64년간 새로와진 국가의 근간을 공고히 하는 매우 눈부신 통치를 하고 98세(AD 491)에 서거한다. 그러니까 장수왕의 본거지는 평양이지 국내성이 아니었다. 만약 그가 젊은 날에 죽었다면 자기가 조성한 아버지 묘 곁에 그의 무덤이 있게 되는 것도 자연스러운 일일 수 있다.

　　그러나 그의 평양천도는 그의 치세의 최대의 업적이라 할 수 있는 부분이며, 그의 비전이 평양을 중심으로 한 새로운 세계질서에 있었다고 한다면 그의 무덤이 굳이 호태왕 곁에 있어야 할 이유가 없다. 장수왕에게 있어서 환도성은 구질서였다. 환도성은 여전히 전략적인 가치를 지니고 있는 중요한 거점으로서 유지되었지만 그것은 어디까지나 구도舊都였다. 그는 79년간 재위한, 인류사상 유례를 보기 힘든 장수의 왕이었다.

　　그는 단순히 오래 살았을 뿐 아니라, 본시 체모體貌가 귀오영걸魁梧英杰하였으며 기지氣志가 호매豪邁한 인간이었다. 재위기간 동안에도 내내 판단력이 흐트러짐이 없었다. 그가 평양에서 서거했을 때도 당시 중원의 최강자 북위의 효문제는 친히 흰 제관을 쓰고 특별한 상복인 심의深衣를 입고 동교東郊

광개토대왕릉은 많이 망가져있기 때문에 그 웅장한 전모를 파악하기가 어렵다. 그러나 이 호태왕릉도 장군총과 동일한 양식으로 만들어진 것인데 훨씬 더 거대하다. 쿠푸의 피라미드 와 고구려왕릉의 최대의 차이는 내부의 석재질에 있다. 기자 피라미드는 내부 전체가 다듬은 석괴인데 반하여 이 장군총, 태왕릉은 내부가 불규칙한 하란석河卵石(개천의 둥근 자갈돌)으로 채워져 있다는 것이다. 그래서 외부의 적석이 반듯한 원양原樣을 유지 못하는 것이다. 그러한 정황을 생각하면 장군총의 외관이 유지된 상황은 거의 기적예 가깝다고 말할 수 있다. 나일 강의 노동기반이 거대공사를 할 수 있도록 훨씬 더 풍요로웠다는 것을 알 수 있다.

에서 애도식을 거행하였다. 당시 평양은 이미 대륙질서 코스모스의 중심이 되어 있었다. 장수왕의 묘를 군이 환도성으로 가지고 가야 할 이유가 없을 뿐 아니라, 그러한 힌트를 주는 역사적 기록이 한 오라기도 없다.

장군총을 장수왕의 묘라고 우기는 학자들은 이러한 난점을 회피하기 위하여 다음과 같은 억지춘양설을 편다. 다시 말해서 능은 바로 한 왕의 즉위 년부터 조성되기 시작한다는 것이다. 광개토대왕의 능도 즉위년인 신묘辛卯 년(AD 391)부터 조성했으며, 장수왕의 이 능도 이미 장수왕 즉위년 (AD 413)부터 조성되기 시작했다는 것이다. 그래서 장수왕이 천도를 단행했을 즈음에 이미 이 묘는 완성되어 있었으며, 따라서 평양에 묘를 새롭게 조성할 필요를 느끼지 않았다는 것이다.

그런데 이러한 설을 열심히 펴는 대부분의 중국학자들이나 한국의 학자들은 근원적인 인식착오에 사로잡혀 있다. 능은 치세기간의 업적이나 규모가 반영되기 마련이다. 바로 등극한 어린아이 정政(진시황의 이름)이나, 고거련高巨 璉(장수왕)에게 과연 그 방대한 무덤이 곧바로 설계된다는 말인가? 어린왕은 며칠 있다가 죽을 수도 있고, 업적이 없는 초라한 왕으로 단명할 수도 있다. 어떻게 그 방대한 무덤이 즉위년에 설계된다는 것인가?(물론 즉위년에 착공되는 능도 많이 있다. 광개토대왕릉은 출토물로 미루어 신묘년부터 착공되었다고 본다). 그것은 논리적으로 맞아 떨어지지 않으며 왕릉건설의 다양한 사례에 일률적으로 적용될 수는 없다.

호태왕의 능과 장군총을 비교하여 보자! 우선 크기의 규모가 다르다. 장군총의 최하단의 크기가 사방 31.58m인데 반하여 호태왕릉은 그 변길이가 66m 정도 되니까 거의 2배가 된다. 그러니까 호태왕릉의 규모는 장군총이 4개

들어앉을 면적을 차지하고 있는, 장군총에 비해 훨씬 거대한 묘이다. 그런데 호태왕릉과 장군총은 완벽하게 동일한 양식으로 분류될 수 있는 방형계단석실묘이다.

지금은 무너져 내려 작은 돌더미처럼 보이지만 하단에 거대한 호분석이 버티고 있는 것을 보면 원래 모양은 장군총과 동양식同樣式의 계단식 석축묘였을 것이다. 그 규모가 커서 호분석이 한 면에 5개씩 배치되었다. 그러니까 5×4=20개의 호분석이 있었다. 그리고 호분석이 남면에 있는 것은 거대한데, 그것은 남면으로 지반이 기울어 아무래도 더 많은 압력을 받으리라는 것을 계산했기 때문이었을 것이다. 제일 큰 것은 높이 6m, 저변 길이 5m, 두께가 2m로 약 60여톤에 이른다.

호태왕비를 비롯하여 이 지역 석실묘에 들어 간 석재들의 규모나 품질이 도저히 이 근처에서 구할 수 없는 것이라는 사실이 입증되는데, 그러면 그 석재는 어디서 온 것인가? 이 지역에서 서북방으로 22㎞ 떨어진 곳에 현재 오녀봉국가삼림공원五女峰國家森林公園이라 불리우는 아름다운 석산이 있다. 해발 1,000m가 넘는 산봉우리가 17좌座나 있는, 옥황상제의 다섯 딸의 전설이 서린 승경지구이다. 그곳에 고대로부터 내려오는 채석장이 있다. 길이 1,000m, 넓이 150m, 면적 15만m²에 달하는 대형와석구역이 있고, 사방에 석재를 채취한 흔적이 있다.

이 지역의 석재와 장군총의 석재를 비교해보면 동일한 성질과 밀도의 세립화강암細粒花崗巖이라는 것이 입증된다. 장군총, 호태왕릉이 석재는 모두 여기서 가지고 온 것이다. 계곡은 깊어 험준하고 육로는 결코 평탄치 못한 곳인데 세부적 완곡을 계산하면 30㎞가 넘을 이 긴 여로를 어떻게 운반했는지, 도무지

상상이 가지 않는다. 고구려인들이 돌을 다룬 솜씨와 그것을 운반한 지혜는 현대적 상식으로는 수수께끼에 속하는 것이다. 그만큼 엄청난 인력이 집중적으로 동원되었다는 것을 알 수 있다.

호태왕비는 높이가 6.39m에 이르는 불규칙한 사각석주이다(제1면 저부 1.48m, 제2면 1.35m, 제3면 2.00m, 제4면 1.46m). 그 석주를 받치고 있는 기점석 基墊石(=기단석)은 화강암으로 길이 3.35m, 넓이 2.7m나 되는 거석이다. 이 화강암은 오녀봉에서 온 것으로 사료되나, 그 위에 얹은 비신은 회흑색의 각력응회암角礫凝灰巖(속칭 화산암火山巖)이며 동아시아 고·중세사 전체를 통털어

호태왕릉 남변의 웅장한 모습: 다섯개의 호분석을 다 보여주고 있다.

가장 큰 통비석돌이다. 이 돌은 오녀봉
채석장의 석재와는 그 질이 다르며, 일부
지질학자들은 이 돌은 주몽이 최초로
나라를 세웠던 환인 흘승골성 하단부에
서 채취한 것임이 분명하다고 주장했다.
광개토대왕의 자기인식이 주몽의 자기인
식과 상응되는 것이므로 그 비석도 정
통성의 승계라는 의미에서 환인 흘승골
성에서 가져온 것일 수 있다.

신채호가 1914년 호태왕비를 바라봤을 때의 모습. 1913년 촬영.

도올의 중국일기_2

돌을 빤빤하게 깎고 그 위에 새긴 것이 아니라 울퉁불퉁한 자연스러운 콘투어를 살리면서 그 위에 글자를 새기었다. 그리고 4면으로 완벽하게 다 글씨를 채운 사례도 흔치 않다. 하여튼 고구려인의 독창적발상과 기질을 유감없이 발휘한 석비이다. 이 울퉁불퉁한 표면의 문제는 탁본의 역사에 많은 수수께끼를 제공했다.

　　하여튼 우리가 호태왕릉과 장군총을 비교해볼 때 동질의 석재를 사용하여 쌓아올린 같은 양식의 적석묘임이 분명하다. 가장 큰 차이는 저변의 크기에 있지만, 재미있는 사실은 높이는 별차이가 없다는 것이다. 장군총이 13.1m인데 비하여 호태왕릉은 15m에 불과하다. 이것은 호태왕릉의 묘각이 매우 완만했다는 것을 의미하는 것이다. 이것은 기실 호태왕릉이 장군총에 비해 더욱 안정성을 지니고 있었다고도 말할 수 있다. 더구나 호태왕릉묘는 현실玄室이 가장 높은 곳에 위치하여 있음으로 도굴을 당할 때도 파손의 우려가 적었다. 그런데 장군총은 거의 완벽하게 옛 모습이 보전되어 있는데 반하여 호태왕릉은 심하게 원상을 몰라 볼 정도로 무너져 있다. 이것은 무엇을 뜻하는가?

그 대답은 명백하다. 장군총은 오랜 시간에 걸쳐 단단히 지반을 굳히고 정성스럽게 굵은 돌벽돌을 쌓아올렸을 뿐 아니라, 그것을 계속해서 관리했다는 것을 의미한다. 나는 장군총의 축성연대가 광개토대왕의 능묘보다 앞설 뿐 아니라 상당히 긴 시간에 걸쳐 축성된 것이라고 확신한다. 이것은 무엇을 의미하는가? 장군총은 고구려인이 인식한 문명세계의 주축the Paradigmatic Axis of the Goguryeo Civilization을 의미하며, 그 주축 곁에 자기들의 최전성시기를 이룩한 위대한 대왕, 담덕談德(호태왕의 이름) 호태왕의 묘를 모신 것이다. 다시 말해서 호태왕의 묘가 있기 전에 장군총이 있었던 것이다. 그렇다면 장군총은 무엇을 의미하는가?

그것은 전통적 설대로 "상징적인 동명성왕묘the symbolic mausoleum of the Founder Holy Dongmyeong"를 의미한다. 장군총은 동명왕묘인 것이다(동국대학교 윤명철 교수도 나와 같은 생각을 가지고 있다. 그가 말 타고, 몸으로 뛰면서 감지한 고대사의 진실은 경탄스러운 구석이 많다). 장군총이 동명왕묘라는 것을 부정하는 사람들은 고구려인들의 세계인식 방법을 이해못하거나, 그 주축의 중요성을 거부해야만 하는 어떤 편견, 정치적 목적이 있는 것이다. 고구려가 세계문명의 주축이라는 사실을 거부해야만 하는 강박관념에 사로잡혀 있는 것이다. 고구려 중심의 코스모스를 인정하면 오히려 중원문명이 변방이 되고 만다. "동북공정"이라는 시대착오적인 발상에 의하면 고구려는 "중화민족"(고대사에서 성립할 수 없는 개념)의 변방이 되어야만 하는 것이다.

물론 이러한 나의 주장에 무리가 있다는 설을 제기하는 사람들은 우선 『삼국사기』의 기사들을 떠올리게 될 것이다. 대무신왕大武神王 3년에 이런 기사가 있다: "그해 봄 3월에 동명왕묘를 세웠다.春三月, 立東明王廟."

대무신왕 3년이면 AD 20년에 해당되지만(『삼국사기』의 연도를 액면 그대로 받아들이지 못할 상황도 많다), 중요한 것은 그것이 아버지 유리왕이 천도를 단행한 이후의 사건이라는 것이다. 그런데 『삼국사기』는 동명왕묘를 어디에다가 세웠다는, 그 지명을 명기하지 않았다. 대무신왕 무휼無恤은 어려서부터 천재로 불리었던 신동神童이었으며 성장하여서도 영특하고 지략이 있었다. 대무신왕의 재위기간은 왕망王莽이 발호하던 시기였으며 유수劉秀가 동한東漢을 새롭게 세운 시기였다. 이러한 전환기를 틈타 부여왕 대소는 팽창정책을 펴지만 결국 고구려에게 패망하고 만다.

대무신왕은 이렇게 불안한 시기에 동명왕묘를 건립했던 것이다. 그것은 분명히 천도 후에 국가의 아이덴티티를 새롭게 정립하고자 하는 진취적 의도를 표명한 것이다. 그런데 과연 그가 이 동명왕묘를 새로운 수도지역에다가 건립하지 않고 이미 떠난 구도에 세웠을까? 유리가 환인지역을 떠난 이유는 단순히 풍요로운 너른 땅을 찾아갔다는 것 외로도 환인지역의 토착세력과의 마찰이 끝내 앙금으로 남았다는 측면도 고려되지 않을 수 없다. 과연 구도에 동명왕묘를 세울 필요가 있었을까? 구도에 동명왕묘를 세웠다면 그 확고한 자리나 유물이 있어야 할 것이 아닌가?

그 뒤로 나오는 기사들도 대체로 소박하게 판독하자면 동명왕시조묘는 졸본卒本에 있었다는 것을 말해주고 있다.

신대왕新大王 3년:

가을 9월에 왕께서 졸본으로 납시었다. 그리고 시조묘에 제사지내시었다. 겨울 10월에 졸본으로부터 돌아오시었다.

秋九月, 王如卒本, 祀始祖廟。冬十月, 王至自卒本。

고국천왕故國川王 2년:

　　가을 9월에 왕께서 졸본으로 납시었다. 그리고 시조묘에 제사지내시었다.

　　秋九月, 王如卒本, 祀始祖廟。

동천왕東川王 2년:

　　春二月, 王如卒本, 祀始祖廟, 大赦。

중천왕中川王 13년:

　　秋九月, 王如卒本, 祀始祖廟。

고국원왕故國原王 2년:

　　春二月, 王如卒本, 祀始祖廟, 巡問百姓老病賑給, 三月, 至自卒本。

　　장수왕의 천도 이전까지 신대왕으로부터 고국원왕에 이르기까지 다섯 왕이 졸본에 있는 시조묘를 간 것으로 기록되어 있다. 시기는 모두 "춘2월"아니면 "추9월"이고, 그 표현도 "왕여졸본王如卒本, 사시조묘祀始祖廟"라는 언어로써 정형화되어 있다.

　　그렇다면 장수왕의 평양천도 이후에는 상황이 어떠했을까? 왕들이 졸본에 있는 시조묘에 참배하러 갔다는 얘기는 계속 나온다.

안장왕安臧王 3년(AD 521):

　　夏四月, 王幸卒本, 祀始祖廟。五月, 王至自卒本, 所經州邑貧乏者, 賜穀人一斛。

평원왕平原王 2년(AD 560):

春二月, … 王幸卒本, 祀始祖廟。三月, 王至自卒本, 所經州郡獄囚,
除二死皆原之。

영류왕榮留王 2년(AD 619):

夏四月, 王幸卒本, 祀始祖廟。五月, 王至自卒本。

장수왕의 평양천도 이후에 3건이 기록되어 있는데 그 전후사정을 살펴보
면 모두 역사적으로 중대한 시기였다. 평양천도 전에는 "왕여졸본王如卒本"이
라는 표현을 썼다. 그리고 간 시기도 "춘2월"과 "하4월"이다. "추9월" 대신
"하4월"이 선택된 것이다. 하여튼 AD 20년 동명왕묘가 세워진 이후로, 왕들
이 꾸준하게 국가적 위기나 전기나 호기에 "시조묘"에 제사지내러 갔고, 그
위치는 "졸본卒本"이었으며, 행차에 소요된 시간은 어김없이 "한 달"이었다.

이러한 기록에 비추어본다면, 시조묘의 존재감은 막중한 것이다. 고구려의
국력이나 그 제례행렬의 스케일로 볼 때, 지금 그 시조묘가 졸본의 어느 초라
한 봉토묘라고 생각할 수가 없는 것이다(중국의 일부 학자들은 동명왕릉을 환인
용산龍山 망강루望江樓묘지 4호묘로 비정하기도 하지만 그것은 전혀 합당한 근거를 지
닐 수 없다). 그것은 꾸준히 건국초년부터 말년까지 수백 년 동안 지속적으로
존재했고, 꾸준히 보존된 국가제례의 근간이었다. 그리고 그때마다 특별사면
이 이루어졌다. 그러한 제례가 행하여지기 위해서는 주변의 모든 산수와 공
간이 같이 보존되어 있어야 한다. 이러한 공간은 현재 이 장군총밖에는 있을
수 없다는 것이 나의 생각이다.

문제는 "졸본卒本"이라는 것이 과연 무엇을 의미하냐는 것이다. 그것이 지
명이 확실하다 해도, 그 졸본의 소재가 과연 어디인가 하는 문제는 쉽게 판

포인트 될 수 없는 것이다. 가장 결정적인 문제는 광개토대왕의 릉이 있는 위치에 대한 지명의 구체적 지목이 없다는 것이다. 가장 확실한 문헌인 호태왕비에도 "천취산릉遷就山陵"이라고만 표현되어 있을 뿐이다. 그리고 추모왕의 승하에 관해서도 홀본동강忽本東岡에서 황룡을 타고 승천昇天했다고 적고 있다. 『삼국사기』는 시조 동명성왕의 죽음을 비신화적으로 기술하였는데, 19년 추9월에 "승하升遐하셨다"라고 쿨하게 표현했고, 때는 나이 40세였으며, "용산龍山에 장례지냈다葬龍山"고 적고 있다. 그리고 광개토왕의 장지는 기술하지 않았다.

  지금 장군총 뒤로 있는 산도 "용산龍山"이라고 부른다. 그리고 "졸본卒本"은 "홀본忽本"과 같은 음의 전사라고 본다. 그런데 이 졸본은 졸홀卒忽(솔골), 승흘골升紇骨(솔골)의 이칭異稱이라고 하는데 이것은 또 국내國內(골안), 통구通口(=동구내洞口內 골안)와도 상통할 수 있다. 하여튼 졸본이 환인지역의 어느 한 좁은 영역에만 국한될 수는 없는 것이다. 국내성지역으로 왔다해도 방편상 졸본으로 부를 수도 있는 것이다. 그리고 고구려의 도읍지는 계속 변했기 때문에 "여졸본如卒本" "행졸본幸卒本"의 주어가 되는 주체의 위치를 획일적으로 말할 수 없다. 더구나 『삼국사기』의 기록은 관용구적인 방식으로 기술되어 있다. 이러한 모든 정황을 살펴볼 때 장군총을 동명왕묘로 보는 나의 입장을 부정할 수 있는 확실한 근거는 부재하다는 것이다. 그만큼 우리의 고대사는 오픈 디베이트open debate의 장으로 열려있다고 할 것이다.

  장수왕이 평양으로 천도했다는 사실은 바로 동명왕묘를 평양으로 이전했다는 사실을 의미하는 것이다. 다시 말해서 세계문명의 주축을 평양으로 옮겼다는 사실을 의미하는 것이다. 왕이 몸만 가거나, 궁실을 옮긴다고 해서 수도가 이전되지 않는다. 시조 주몽은 천제天帝의 아들로서 하늘에서 강세하여 다시 황룡을 타고 승천昇天하였다. 이 하늘과 땅의 통로는 세계 중심의 축이다. 그 축을 왕래하는 시조신들the sprits of founding Fathers을 제사지내는 곳이 바로 동명왕릉의 꼭대기인 것이다. 이 동명왕릉이라는 국체의 정통성의 상징이 평양으로 가지 않으면 수도는 움직여지지 않는 것이다.

남한의 많은 학자들이 평양에 있는 동명왕릉에 관하여 북한학계의 주장을 신빙성있게 받아들이지 않는다. 그러나 평양시 력포구역 룡산리(구지명: 평남 중화군 무진리, 진파리)에 있는, 적석총과 석실봉토분이 결합된 동명왕릉(묘고墓高가 8.15m에 이른다)은 장수왕 때 만들어진 동명왕릉으로 비정하여도 무리는 없다고 본다. 역사적 진실을 우리의 현재적 관념 때문에 개방적으로 논의하지 못하는 오류를 범할 필요는 없다.

동명왕릉하면 우리는 그가 신화적 인물이라는 황당한 관념 때문에 그 심볼리즘의 정체성을 제대로 파악하지 못한다. 그러나 우리는 신화myth와 사실fact을 역전시키는 코페르니쿠스혁명적 사유를 단행하지 않으면 아니된다. 고대적 담론에 있어서는 신화 그것이 곧 사실의 상징적 구성symbolic construction인 것이다. 우리가 일상적으로 바라보는 나무 한 그루도 실상 알고보면 "상징"의 체계인 것이다.

그런데 왜 이 동명성왕릉을 "장군총"이라 부르게 되었는가? 만청滿淸 여진 족사람들이 중원의 주인이 된 후로 이들은 이 백두산 일대를 "흥방건업興邦建業"의 발상지로 간주했으며 백두산을 만청의 성상聖山으로 삼았다. 때에 맞추어 제사를 지냈고 숭앙심을 높혀만 갔다. 그러나 실제로는 중원에서 멀리 평양근처 중화군 진파리에 있는 동명왕릉의 웅장한 모습. 석실봉토묘인데 장군총(=집안 동명왕릉)과 같은 방식으로 돌기단이 있다. 밑변의 한 변 길이는 22m, 원래 높이는 9m 정도. 현실은 방형으로 한 변 길이 420cm, 높이는 약 388cm. 앞 150m 거리에 있는 원찰인 정릉사定陵寺터의 유물과 대조하여 이 능이 장수왕 천도 시에 만든 동명왕릉으로 확정지었다. 고려왕실도 13세기 수도를 강화도로 옮겨갈 때 왕건의 무덤을 같이 옮겼다. 보이는 석호는 새로 만든 것이지만 원래 석호가 있었다. 2005년 10월 12일 촬영.

평양 동명왕릉 내부 현실 서벽을 보여준다. 이 벽은 잘 다듬은 돌벽 위에 바탕색을 바르고 그 위에 그렸는데, 생활모습은 없고 연꽃문양을 일정한 간격으로 줄을 맞추어 가득 그려놓은 것이다. 환인 미창구의 장군묘의 현실玄室과 유사하다고 할 것이다. 여기 몇 개의 둥근 문양이 보인다. 가운데 화방을 나타내는 원이 있고 그 둘레로 6개의 꽃잎이 겹친 모습으로 그려져 있다.

위의 사진은 동명왕릉 현실玄室 동벽의 모습이다. 벽화가 너무 낡아 동명왕릉에는 벽화가 없다는 것이 통설이었는데 최근의 조사에 의하여 그렇지 않다는 것이 밝혀졌다. 시간이 흐르면서 벽면에 덮인 물질들을 벗겨내고 보니까 연꽃무늬가 640개 정도 있다는 것이다.

동명왕릉 현실의 천정은
돌을 5단으로 쌓아올린 후
에 판석으로 덮은 꺾음식
천정折天井이다. 아래 사
진은 집안 장군총(=동명왕
릉)의 현실 천정의 모습인
데 매우 유사하다. 아래 사
진은 1930년대 건축사학
자 세키노 타다시關野貞가
찍은 것이다.

↑ 위 사진은 동명왕릉 현실로 들어가는 묘도墓道(연도羨道, 안길이라고도 말함)의 모습을 보여준다. 현실 입구에 돌문이 하나 있고, 또 묘도 입구에 돌문이 또 있다. 이렇게 돌문이 이중으로 되어있는 석실은 동명왕릉이 유일하다고 한다.

← 이 사진은 1938년경의 장군총 모습이다. 이 사진이 말해주는 대로 1930년대까지만 해도 이 지역의 모든 유적은 방치되어 있었고 덤불에 싸여있었고 도굴꾼에게 노출되어 있었다.

떨어져 있기 때문에 구체적인 관리를 할수 없는 변방이었다. 그리고 중원의 일이 바빴기 때문에 이 동북지역은 관심 밖으로 밀려나 있었다. 그래서 강희 24년(1684) 이후에는 이 백두산·압록강 이북지역으로 유민流民이 진입하는 것을 막았고, 건륭 41년(1776)에는 봉금령封禁令을 내렸다. 이 후로 200년간 이 지역은 인적人迹이 닿지 않는 곳이 되어버렸고, 그 휘황찬란하던 고구려문명은 황야의 수풀더미 속에 가려져 버렸다.

청말 동치同治 말년에 중원이 전란과 기근으로 시달리게 되자, 이재민들이 봉금령을 뚫고 이 백두산지역의 금구禁區로 들어오기 시작했다. 이들이 와보니 이 지역은 산림에 재화가 많았고, 또 무궁무진한 문화재가 펼쳐있었던 것이다. 이들의 대부분은 고분의 도굴에 맛을 들이기 시작했다. 사실 이 지역의 모든 분묘가 거의 다 도굴된 상황은, 애석하게도 오히려 청말에 이르러서야 집중적으로 파헤쳐진 것이다. 청말까지만 해도 이 지역의 문화재는 세인의 무관심 속에 덮여있었던 것이다. 이들이 이토록 규모가 굉위宏偉하고 기세가 방박磅礴한 적석묘를 발견했을 때, 그 적석묘의 위치가 또한 집안이라는 변경에 있었으므로, 그 변관邊關을 진수鎭守하는 대장군의 분묘일 것이라고 생각하여 보통 "장군총" "장군묘"라 이름하였던 것이다. 그것은 민간의 최근전승이며 본시 이 분묘의 성격과는 관련이 없는 것이다.

나는 어릴 때부터 함석헌선생을 자주 뵈웠다. 그분이 천안에서 씨알농장을 경영하시면서 우리집을 곧 잘 드나드셨기 때문이다. 그리고 함석헌선생님께서 하시는 강연도 수없이 들었다. 지금 생각해보면 그 분께서 신라의 삼국통일이야말로 우리민족이 오그라들게 되는 불행의 원천이라 울분을 토하시는 그 사유의 근본이 단재사학과도 관련이 있다고 생각되지만, 그분의 고향이 고구려

너무도 정감 있는 사진이다. 함 선생님은 하바드대학에 오셨을 때 나의 집에서 기숙하셨는데, 도가적 사상의 영향이 있는, 미국 사상의 개척자인 써러우Henry David Thoreau, 1817~1862가 미국정부를 부정하고, 세금 내기를 거부하고, 월든호숫가에서 혼자 살았던 그곳을 가보고 싶다고 하셨다. 함 선생님을 모시고 헨더슨에게 연락하여 같이 갔다. 헨더슨Gregory Henderson, 1922~88 은 한국정치에 관한 명저인 『소용돌이의 한국정치The Politics of the Vortex』의 저자인데 보스턴 명문가의 사람이다. 한국에 문 정관으로 나와 있으면서 한국의 국보급유물을 많이 수집한 것으로 유명한데, 그는 한국의 반군사독재투쟁을 지속적으로 지원한 훌륭한 인물이다. 당시 한국의 반독재투쟁가들을 위하여 지속적으로 뉴욕타임스 사설을 쓸 수 있었던 사람은 헨더슨이 유일했다. 나는 하바드대학 시절 헨더슨과 교분이 두터웠다. 그의 유물은 하바드대 포그예술박물관Fogg Art Museum에 기증되었다. 월든 폰드를 배경으로 찍은 사진. 80고령의 함 선생님 모습에 깃든 고구려기상을 느껴보라!

고토이며 발해의 한 중심지였던 평북 용천龍川인 것을 생각하면 그 고구려의 대륙기상에 대한 선생의 예찬은 실로 이해하기 어렵지 않다. 퀘이커교도들이 함선생을 노벨상후보로 추천하여 하바드대학에 오셔서 강연을 하셨을 때에도 그러한 주제로 웅혼한 논지를 펼치셨다. 그런데 우리 유학생들 사이에서는 그 논지를 놓고 대토론이 벌어졌다. 만약 고구려가 삼국을 통일하고 산해관을 넘어 중원까지 점령했다고 한다면, 당唐나라가 오히려 한민족의 중원제국이 되었을 것이다. 우리 민족이 중국에 당을 대신하는 조선제국을 건설했다고 한다면, 과연 함석헌선생이 말씀하시는대로 우리 민족의 기상이 대륙에 펼쳐 졌을까? 대부분의 논의의 초점, 즉 함선생 논지에 대한 반론은 결국 고구려가 삼국을 통일하고 중원을 점령했고 또 한동안 만청과도 같은 대제국을 유지했다고 한다면, 오늘의 조선민족이라는 아이덴티티는 유지할 길이 없었을 것이라는 추론이었다.

중원은 거대한 문화적 용광로이며 그 안으로 돌입한 주변문명치고 그 아이덴티티를 상실하지 아니한 예가 없다. 한반도는 산동성과 같은 고려성高麗省 수준으로 병합되어 있을지도 모른다. 조선민족의 아이덴티티는 지금의 만주족보다 더 희미하게 남아있을지도 모른다. 그나마 쪼잔하고 초라해도 후진세력이었던 영남의 신라에 의하여 통일된 것이 고려·조선이라는 독자적 역사행보의 원천이 되었다고 보아야 한다는 것이다. "신라의 삼국통일"을 민족사의 중요한 터닝포인트로 보아야하는 소이연과 그 당위성이 바로 여기에 있다는 것이다.

중국이라는 대륙과 직접 인접하면서 가장 치열하게 그 문화를 흡수한 나라로서 확고한 자기 아이덴티티를 유지한 문명은 우리 조선밖에는 없다. 월남을 하나 더 꼽을 수 있겠지만, 월남은 우리만큼 그 문화교섭이 짙고 동질적이질 않았다. 조선문명을 동아시아의 독자적인 문명권으로 설정하지 않을 수 없는 소이연이 바로 여기에 있다. 그것은 하나의 기적이며 수수께끼이다.

나는 동명왕묘인 장군총과 호태왕릉, 그리고 그 장대한 비석을 번갈아 쳐다보면서 우리민족역사에 대한 새로운 인식을 가지게 되었다. 당지에서 비로소 눈을 뜨게 된 이 새로운 인식의 지평a new horizon of *episteme*에 관하여 나는 꼭 그 핵심을 독자들에게 전달해야만 할 것 같다.

신라의 통일이 진정한 민족통일이 아닌 비겁한 후퇴라는 역사반성도 옳고, 또 고구려통일은 우리민족의 자기동일성을 상실케하는 불행한 중원용광로 소멸과정일 수밖에 없다고 하는 비판도 옳다. 양자가 모두 우리가 우리 역사를 바라봐야 하는 시각의 다양한 측면을 제공하고 있다는 맥락에서 매우 의미있는 거대 담론인 것이다. 그러나 우리 민족의 아이덴티티를 생각할 때, 우리가 상실해버리고 있는 고구려라는 문명의 진면목에 관한 인식이 너무도 부족하다는 것, 다시 말해서 고구려라는 문명의 자기인식의 실상에 관하여 우리 인식이 너무 못미치고 있다는 것을 우선 솔직하게 고백해야 한다는 것이다.

우선 『고려사』라는 작품을 보면, "고려"라는 나라는 고구려라는 웅대한 제국의 계승자임을 자처하고 국호를 그렇게 정했음에도 불구하고, 고려의 역사를 "세가世家"로 처리했다. 즉 "본기本紀"가 부재한 것이다. 즉 왕국의 역사가 아닌 제후국의 역사로 기술한 것이다(동아시아 히스토리오그라피에 있어서 본기와 세가의 격차는 하늘과 땅 차이인 것이다). 이것은 기술자들이 새로 성립한 조선 왕조의 사람들이었기에 그렇게 된 것이다. 그런데 비하면 김부식은 『삼국사기』에서 "신라본기" "고구려본기" "백제본기"를 쓰고 있다. 형식면에서 우선 삼국을 중원의 본기대상에 부속되는 제후

『고려사』의 최고본最古本인 조선왕조 성종 시의 을해자 인본乙亥字印本. 태조기록이 "세가권제일世家卷第一"로 시작되고 있다. 사마천이 『사기』에서 본기와 세가 체제를 만들었는데 세가에는 제후급 인물만을 실었다. 그런데 공자는 제후직위가 없었는데도 예외적으로 세가에 올려놓았다. 고려는 황제국이었고 당대의 모든 나라와 대등한 관계를 유지했다. 그런데 편찬자들이 예외적으로 낮춘 것이다.

이런 거대한 오류의 틀을 사학도들이 별로 지적하지 않는다. 세종도 『고려사』 개수과정에서 너무 부당하게 고려를 낮춘다 하여 『고려사』의 반포를 꺼렸다. 결국 세종이 죽고나서 단종 2년에나 인쇄되었다. 『고려사』는 정신 바싹 차리고 읽지 않으면 안되는 오류투성이의 문헌이다.

국으로 보지는 않은 것이다. 그런 의미에서 보면 그래도 주체적이라고 해야 할 것이다.

그러나 그가 기술하는 태도를 보면 기본적으로 중원중심사고를 벗어나지 못하고 있다. 『삼국유사三國遺事』도 분명 『사기』가 유실한 일들을 적어 놓겠다는 의식이 있는 책이라 하겠지만 『유사』는 그 자체로 본격적인 역사서술서가 아니라 일종의 "신라불교문화사"일 뿐이라는 김영태교수의 규정도, 깊은 문헌학적 통찰에서 나온 일언이라 할 것이다. 문제는 고구려 그 자체의 자기인식이 이미 그나마 가장 신빙성있는 사료로 간주되는 『삼국사기』나 『유사』에 충분히 반영되어 있지 않다는 것이다.

고구려가 대민족이동을 시작하여 흘승골성 그러니까 환인지역에 정착한 시기도, 중원에서는 전한이 흔들리고 후한으로 넘어가던 시기였고, 고구려가 강성하게 영토를 확장하고 대제국을 건설하던 시기는 위진남북조시대였으며, 이 과도기적인 육조시대의 중원의 형세는 정치적으로 불안하고 도덕적으로 난잡하고 특정한 권위의 중심이 없었다. 따라서 천제의 아들로부터 시작한 고구려 왕조의 자기인식이, 고구려야말로 대륙이라는 코스모스의 중심축이라고 생각한 것은 너무도 자연스럽고 정당한 것이다.

중원의 역사는, 고구려인들의 통일되고 풍요롭고 진취적이며 강건한 연속성에 비해, 너무도 단절적이며 해체적인 변방의 역사였다. 이러한 코페르니쿠스적인 인식의 전환을 우리는 고구려가 멸망할 때까지, 아니 그 이후까지도, 중원의 역사를 바라보는 시각의 입각점으로 설정해야 한다는 것이다. 예로부터 고조선의 영역은 하남성 중심의 중원보다 훨씬 광활하고 강성하고 풍요로운 터전이었다.

무천진武川鎭 군벌로서 흥기하여 남북조의 분열상을 종식시키고 중원을 통일했다고 하는 수문제隋文帝와 그의 아들 수양제隋煬帝가 왜 그토록 미친듯이 고구려정벌에 국운을 걸었겠는가? 수나라는 통일왕조라고 기술되고 있지만 실제로 통일왕조가 아니었던 것이다. 진정한 대륙 코스모스의 중심축이었던 고구려를 복속시키지 않는 이상 통일의 과업은 변방의 통일일 뿐이었던 것이다. 고구려는 중원에 대한 변방이 아니었다. 고구려야말로 중원이었으며 수나라야말로 고구려라는 중원에 대한 변방이었던 것이다.

수문제 30만 대군의 요동에서의 괴멸(598년), 그리고 아버지의 설욕을 위해 영양왕嬰陽王 23년(612)에 수양제가 일으킨 대군은 113만 3천 8백이라 하는데, 사실 치중대와 부속 인원을 합치면 4백만은 족히 되는 인류역사상 유례를 보기 힘든 대규모의 전역이었다. 그 군대를 내보내는 데만 40일 걸렸다 하고, 고각鼓角과 정기旌旗가 뻗친 것이 960리에 달하였다 하니 얼마나 대단한 진군이었는지 상상키 어렵다. 전역을 일으켜도 이렇게 대규모로 출병하였다고 하는 것 자체가, 고구려가 얼마나 강성한 제국이었나 하는 것을 상대적으로 진실하게 입증하는 것이다.

그러나 이러한 대규모의 중원병력이 을지문덕의 슬기로 요동에서 그리고 살수에서 여지없이 참패당한 이야기는 평범한 무용담으로 회자될 수준의 이야기가 아니라 고구려인들의 강건한 도덕성과 그 제국문명의 탄탄한 하부구조를 여실히 입증하는 것이다. 수와 고구려, 당과 고구려의 대결은 중원과 변방국가의 싸움일 수가 없다. 그것은 동아시아대륙에 있어서의 대등한 두

요동에 널려있는 수많은 고구려성 중의 하나인 백암성의 위용을 보라! 이 백암성은
심양 부근에 있다. 심양이야말로 옛 고조선의 수도가 비정될 수 있는 영역이었다. 바로
내가 서있는 요동벌 이 자리, 그 밑에 당태종 이세민이 성을 치켜보며 서있었다. 역사는
이런 것이다. 당지에 서서 체험해보지 않으면 그 실상을 알 수가 없다.

장군총

문명의 축의 대결이었으며, 그 대결의 압도적인 우위를 차지한 것은 수나 당이 아닌 고구려였다. 무천진 군벌의 마지막 계승자이며, 중국역사에서 보기드문 명철한 성군聖君으로 꼽히는 당태종도 고구려 평정에 목을 매었고 수십만의 대군을 수차례 일으켰으나 고구려인의 강인한 방어를 끝내 뚫지 못하고, 한이 맺혀 가슴에 피멍이 든 채 세상을 떴다(보장왕寶臧王 8년, AD 649). 그의 마지막 유언은 고구려정벌을 중지하라는 것이었다. 고구려는 그만큼 막강한 또 하나의 제국이었다.

고구려는 당나라와의 정정당당한 대결에서 패배한 것이 아니다. 고구려를 주축으로 하는 동북아 전체질서의 자체교란에 의하여 스스로 붕괴된 것이다. 그 붕괴의 계기를 만든 것이 신라였다. 김춘추가 무슨 대단한 외교가래서 나당연합군을 만들어낸 것이 아니다. 당나라 그 자체의 힘만으로는 도저히 고구려를 패망시킬 수 없었기 때문에, 당은 김춘추의 내부교란작전을 유일한 당제국의 출로로 받아들일 수밖에 없었던 것이다. 백제만 멸망하지 않았어도, 다시 말해서 무왕의 천도가 성공하고 의자왕이 보다 기민하게 사태의 진전에 대처했더라면, 고구려는 버틸 수 있었을 것이다. 백제의 멸망과 더불어 고구려의 지배층의 내분이 심화되었고, 고구려는 맥없이 막을 내린다. 오호 통재라!

충남 부여읍 동남리東南里 정림사지定林寺址에 있는 오층석탑. 이 석탑의 비신 최하단에 소정방이 백제를 멸망시킨 전후 이야기를
써놓은 평제비문이 있다. 옆 쪽 확대한 사진의 최우단에 "대당평백제국비명大唐平百濟國碑銘"이라는 글씨가 보인다. "백제의 멸망"
을 국사교과서에서 읽을 것이 아니라 이러한 비문에서 느껴보아야 한다. 토평비를 기존의 대표적인 백제탑의 탑신에다가 새긴다는
발상 자체가 오만의 극치라 할 것이다. 이 비문은 깨알 같은 엄청난 양의 문장인데 14도대총관 좌무위대장군左武衛大將軍 상주국上
柱國 형국공邢國公 소정방蘇定方의 위인을 조자룡, 관우를 능가하는 인물로 극찬하면서 그와 같이 왔던 똘마니들의 이름과 공적을
나열하고 마지막에는 의자왕의 면류관을 벗기는 치욕적인 이야기까지 소상히 적혀있다. 위대한 승리의 역사만이 역사가 아니다.
이러한 치욕의 역사, 움직일 수 없는 참혹한 사실을 되씹으면서 우리의 현재와 미래를 건설해야 한다. 평제탑이라고도 불리었던 이 5층
석탑을 바라보며, 우리민족 역사의 굴곡을 되씹노라, 호곡하노라.

이 시점에서 우리는 장수왕의 천도라는 사건의 역사적 의미the historic significance of moving the capital to Pyeongyang를 다시 한 번 심각하게 되새겨 볼 필요가 있다. 왜 장수왕은 집안의 국내성國內城에서 평안남도 남서부 대동강 하류에 자리잡고 있는 평양平壤으로 천도하였을까? 우리는 이 사건이 마치 광활한 대륙의 동북벌판을 포기하고 반도내의 치우친 일각으로 후퇴한 것과도 같은 "오그라듦"의 상징처럼 오해할 수가 있다. 그러나 평양은 단순히 광개토대왕이 하평양으로서 개척하고, 장수왕이 천도함으로써 새로 개발된 신도시로서만 이해할 대상은 아니다. 평양이야말로 유구한 역사를 지닌 고조선문명의 한 축적태였다고 보아야 할 것이다.

고조선의 원래 영역은 중국의 문헌을 총체적으로 검토해보면 지금의 발해 윗쪽, 흔히 요서·요동으로 부르는 광활한 지역이었다. 따라서 단군의 통치영역이나 기자, 위만이 제후로서 일정기간을 지탱한 영역이 우리가 생각하듯이 한반도 내에 자리잡고 있었다는 통념은 전적으로 수정하지 않으면 안된다(이 방면으로 가장 창조적인 업적을 낸 사람은 단국대 사학과의 윤내현 교수이다. 우리는 윤내현 교수의 업적을 정당하게 평가해야 할 것이다. 그의 연구는 확고한 문헌적 근거를 가지고 있다. 이병도선생의 학문적 경지는 존경할 수 있는 측면도 많지만, 일본학자들의 의도적 선입견에 사로잡혀 중국문헌을 있는 그대로 해석하지 못했다. 이병도의 『삼국사기』 주석은 취할 것도 있지만 대부분 상식이하의 억설이다). 그러나 고조선은 옛부터 한반도영역 내에도 중요한 센터를 가지고 있었고, 그 중의 하나가 평양이었다. 기자만 해도, 중원문화의 원류인 은殷나라 즉 상商문명Shang Civilization의 정수를 보지保持한 문화덩어리cultural assets였다. 기자가 실제로 왔냐, 안왔냐? 기자가 조선에 와서 왕노릇을 했냐, 안했냐? 이런 것은 전혀 지금 논의의 대상이 아니다. 중국문명의 원류라 할 수 있는 홍범구주의 사상을 창조적으로 구성한 기자와 같은 문명체가 조선에 분봉될 정도로("분봉"의 구체적 의미는 고조선의 일부영역에 제후

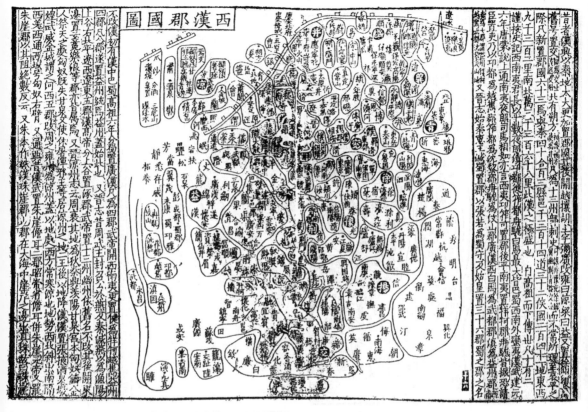

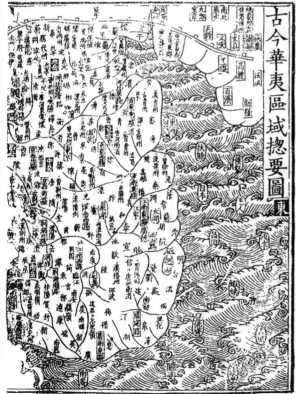

여기 내가 소개하는 『송본역대지리지장도宋本歷代地理指掌圖』는 현존하는 최고最古의 역대연혁지도라 말할 수 있다. 그 전에 서진西晉 배수裴秀의 『우공지역도禹貢地域圖』18편이 있었으나 현존하지 않는다. 『지장도』는 44폭의 지도와 설명으로 구성되어 있다. 소동파의 서문이 있어 소식의 작이라고도 하나 저자는 세안례稅安禮로 전한다(확실치 않다). 이 송본도 중국에서 사라지고 일본 동양문고에 보존되었다.

우리나라 스님 일연은 이 지도를 보았는데 "동파지장도"라 칭하고 있다. 서한군국도西漢郡國圖를 보아도 현도, 낙랑, 두개의 군郡만 요수의 동쪽(유주幽州의 동변東邊이라고도 했다. 유주는 북경·천진 지역에 자리잡고 있고, 요서에는 영주營州(=朝陽, 고조선의 중심지)가 표시되어 있다. 고금화이구역총요에는 고구려(=고려)의 서쪽에 평양이 있는데, 이 평양은 고조선의 수도로서 고조선을 대표한 것이다. 하여튼 중국인들의 세계인식에 있어서 요동·요서지역은 우리 조선문명의 영역이었다.

『신당서』 열전 「고구려전」에도 고구려의 역사를 구백 년으로 박아 놓았다. 하여튼 우리 역사의 지명을 한반도 안에 다 우그려 쳐넣는 우매한 짓은 이병도 사학의 맥을 잇는 우리나라 국사학계 전반의 오류에 속하는 것이다. 조선조의 진보적 지식인 연암 박지원이 이 놈의 나라는 싸워보지도 않고 강토가 저절로 줄어들고 있다고 개탄한 우를 21세기에도 반복하고 있는 것이다.

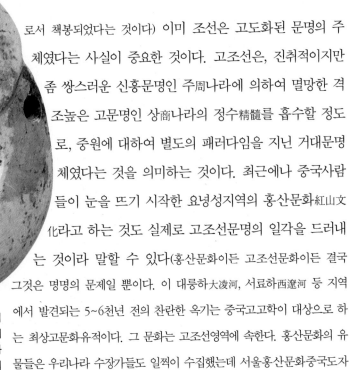

로서 책봉되었다는 것이다) 이미 조선은 고도화된 문명의 주체였다는 사실이 중요한 것이다. 고조선은, 진취적이지만 좀 쌍스러운 신흥문명인 주周나라에 의하여 멸망한 격조높은 고문명인 상商나라의 정수精髓를 흡수할 정도로, 중원에 대하여 별도의 패러다임을 지닌 거대문명체였다는 것을 의미하는 것이다. 최근에나 중국사람들이 눈을 뜨기 시작한 요녕성지역의 홍산문화紅山文化라고 하는 것도 실제로 고조선문명의 일각을 드러내는 것이라 말할 수 있다(홍산문화이든 고조선문화이든 결국 그것은 명명의 문제일 뿐이다. 이 대릉하大凌河, 서료하西遼河 등 지역에서 발견되는 5~6천년 전의 찬란한 옥기는 중국고고학이 대상으로 하는 최상고문화유적이다. 그 문화는 고조선영역에 속한다. 홍산문화의 유물들은 우리나라 수장가들도 일찍이 수집했는데 서울홍산문화중국도자박물관에 진열되어 있다).

홍산문화는 BC 4천 년~3천 년 사이에 요서 지역에서 공전절후空前絶後의 옥기 번영시기를 펼친다. 여기 소개하는 옥저룡玉猪龍은 요녕성 제1보물이라 할 정도로 무게있는 홍산문화유물이다. 돼지머리와 용꼬리가 순환하는 형상인데, 계골백색鷄骨白色의 몸체에 황토색이 곳곳에 비치는 이 옥의 조형미는 천하일품이라 하겠다. 우리나라 고조선의 문화수준이 이와 같았다.

그러니까 장수왕이 국내성에서 평양으로 천도한 것은 졸본성-국내성-환도성에서 중원을 압도할 정도의 대제국의 지위와 규모를 확보한 고구려가 동북대륙문명 전체의 중심축, 그러니까 고조선의 전체영역을 확보할 수 있는 어떤 새로운 중심축으로의 환원을 의미하는 것이다. 그러니까 우리는 평양을 "조선반도"라는 비하된 공간개념의 한 중심으로 보아서는 아니된다. 평양이야말로 안중근이 이토오 히로부미를 쏘아죽인 하얼삔 꼭대기 저 흑룡강-송화강 지역으로부터 서로는 요하지역, 그리고 남으로 제주도-큐우슈우, 그리고 산똥 이하의 중국동부해안의 거점들을 포섭하는 하나의 독자적인 고문명권의 중심으로 생각해야 하는 것이다.

우리가 잊지말아야 할 사실은 장수왕의 천도 시점이 고구려가 불행했던 시기가 아니라, 고구려가 최전성기를 구가했고 가장 안정되었고 평화로웠던 문명의 정점the apex of the Goguryeo Civilization에서 이루어진 사건이라는 것이다. 장수왕의 천도야말로 우리민족의 아이덴티티를 형성시킨 가장 위대한 사건으로 평가해야 한다는 것이다. 다시 말해서 통일이라 말할 수 없는 "신라의 통일"을 민족아이덴티티의 거점으로 삼을 것이 아니라, 장수왕의 평양천도야말로 우리민족 아이덴티티의 오메가 포인트로서 재해석되어야 한다는 것이다. 그 사건은 한민족의 모든 의식구조의 디프 스트럭쳐를 형성시킨 시공의 구심적 장場이다. 우리는 우리역사의 관점을 근원적으로 새롭게 해야 한다. 그것은 해석의 차원을 달리해야만 가능한 것이다. 이것은 무슨 말인가?

생각해보라! 만약 고구려가 환도성—국내성에서 최후를 맞이했다고 생각해보라! 그러면 고구려는 전혀 한민족의 문화적 전승체로서의 의미를 지니지 못할 뿐 아니라, 중국학자들이 아무리 제멋대로 동북공정을 말해도, 우리는 그에 대해 일말의 발언권을 갖기 어려울 것이다. 현재 타국의 영토가 되어 있는 공간범위 내에서 흥망성쇠의 시간축을 그린 문명에 대하여, 우리가 참여한 역사라 할지라도, 그들이 자신의 변방영토에서 생멸한 주변문명으로 규정하는 것에 토를 달기는 어려울 것이다. 그러나 고구려는 정치적인 멸망을 했을지는 모르지만, 평양성 천도를 통하여 근 900년 이상의 전승을 정치사적 공간이 아닌 우리의 의식공간에 확고한 유산으로 남겨준 것이다. 다시 말해서 장수왕은 우리 민족의 의식속에 평양성을 쌓았던 것이다.

당대에도 이미 중원의 제국들에게 장수왕의 평양 천도가 결코 반도로의 후퇴가 아니라 더 강력한 난공불락의 문화적·전략적 중심으로 확장했다는 인식을 주었던 것이다. 수·당제국이 평양을 아주 편벽한 변방으로 인식했다면 그토록 국운이 쇠망할 정도로 거대한 병兵을 일으켜야 할 하등의 이유가

길림성에서만 확인되는 고구려산성의 규모는 엄청날 뿐 아니라 도처에 있다. 그런데 요녕성과 흑룡강성 전역에 이보다 훨씬 더 많은 고구려성이 포진하고 있다. 물론 북한과 남한에도 고구려성은 눈을 뜨고 보면 여기저기 있다. 고구려는 산성─평지성 체제의 성읍을 중심으로 점조직 네트워크를 형성한 대제국이었다. 『신당서』에 고구려를 멸망시킨 기록에도 "보장왕과 연개소문의 아들 남건을 사로잡아 귀양 보내고, 5부(연노부·절노부·순노부·관노부·계루부를 가리킬 수도 있고 행정조직일 수도 있다)의 176성과 69만 호를 몰수하였다. 執藏·男建等, 收凡五部百七十六城, 戶六十九萬"이라고 하였으니 당시 176개 성이 있었음을 알 수 있다. 그러나 실제로 고구려는 176개를 웃도는 수백개의 크고 작은 폴리스로 구성되어 있었을 것이다.

없었을 것이다. 최초의 통일제국 수는 고구려 때문에 멸망하였던 것이다. 수·당 제국은 한제국과는 성격이 다르다. 그 사이에 위진남북조라는 400년의 이질적 이방문화를 끼고 있었으며, 수·당 그 자체 또한 이미 순수한 한민족의 문명일 수가 없었다. 수·당이 모두 북조, 그러니까 북방민족의 역사를 계승한 것이다. 따라서 그들은 고구려와 라이벌 의식이 강했던 것이다.

고구려가 새롭게 평양을 축으로 했다고 하지만, 국내성에서 요동에 이르는 원래의 영토에 대하여서는 확고한 근거를 구축하고 있었다. 당나라 침입에 대비해서 연개소문이 16년간에 걸쳐 축성했다고 하는 천리장성, 그리고 크고 작은 수백개의 성이 조선반도가 아닌, 요동에 흩어져 있었다. 더구나 평원왕은 요양遼陽 부근에 장안성長安城이라는 새로운 전략적 수도를 개척했다(평원왕 28년에 "이도장안성移都長安城"이라는 기사가 엄연히 존재하는데 사가들은 이런 중대한 사실을 해석하지 않는다. 이병도가 그것을 평양으로 주석했기 때문이다. 평양에서 평양으로 이도한다는 것이 도대체 말이 되는가? 그것은 양원왕 8년부터 준비된 것이었다. 시축한지 34년만에 옮긴 것이다). 북으로 개모성, 남으로 안시성, 서로는 요동성이 포진하고 있는 백암성의 위용을 보아도 실제로 고구려문명의 요하지역 하부구조가 얼마나 탄탄했는가 하는 것을 알 수 있다.

그러니까 우리가 함석헌선생의 논지를 놓고 벌인 주장은 쌍방의 견해가 모두 우리한민족의 역사의 핵을 유실한 논의라는 것이다. 우리는 우리 역사의 핵을 통일신라 이후로 보아서는 아니된다는 것이다. 이미 우리민족의 통일적 아이덴티티는 장수왕의 천도시기에 이미 동아시아역사의 장 속에 확고히 뿌리박은 것이며, 그 자기동일성(중국사람들은 "르언통認同"이라는 말을 쓴다)은 그 이후에도 계속 전승되어 갔던 것이다. 고구려는 결코 망하지 않았다. 그 바톤은 발해가 이어갔다. 발해가 지배한 영역은 고구려의 고토를 대부분 포함한다. 그런데 그 지역의 토박이 사람들을 말갈靺鞨이라고도 불렀던 것이다.

이들은 기원전 4세기경에는 숙신肅愼으로, 서기 3세기경에는 읍루挹婁로, 6세기경에는 물길勿吉로 불리다가, 7세기경에 이르러 말갈로 불리었다. 이들은 다시 여진女眞으로 호칭되며 이들이 바로 금金왕조와 청淸왕조를 건설한 장본인들이다. 이들은 고구려문명을 그들의 모태문명으로 생각한다. 조선왕조를 만든 영흥사람 이성계의 핏줄 속에도 여진의 피가 섞였다는 얘기가 곧잘 회자된다. 사실 만주인들의 청나라가 중원을 제압할 수 있었던 그 문화적 전승도 고구려와 관계없다고 말할 수 없다. 고구려정신은 결코 동북아시아에서 사라진 적이 없다.

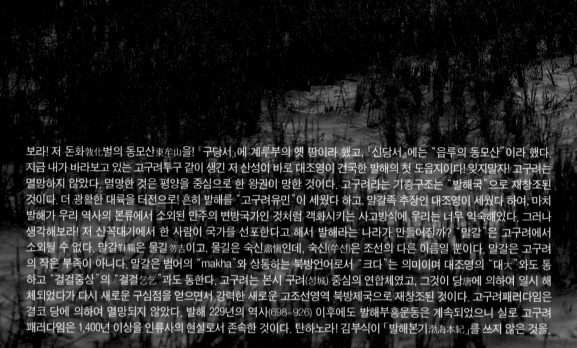

보라! 저 돈화敦化벌의 동모산東牟山을! 『구당서』에 계루부의 옛 땅이라 했고, 『신당서』에는 "읍루의 동모산"이라 했다. 지금 내가 바라보고 있는 고구려투구 같이 생긴 저 산성이 바로 대조영이 건국한 발해의 첫 도읍지이다! 잊지말자! 고구려는 멸망하지 않았다. 멸망한 것은 평양을 중심으로 한 왕권이 망한 것이다. 고구려라는 기층구조는 "발해국"으로 재창조된 것이다. 더 광활한 대륙을 터전으로! 흔히 발해를 "고구려유민"이 세웠다 하고, 말갈족 추장인 대조영이 세웠다 하여, 마치 발해가 우리 역사의 본류에서 소외된 만주의 변방국가인 것처럼 객화시키는 사고방식에 우리는 너무 익숙해있다. 그러나 생각해보라! 저 산꼭대기에서 한 사람이 국가를 선포한다고 해서 발해라는 나라가 만들어질까? "말갈"은 고구려에서 소외될 수 없다. 말갈靺鞨은 물길勿吉이고, 물길은 숙신肅愼인데, 숙신(쑤선)은 조선의 다른 이름일 뿐이다. 말갈은 고구려의 작은 부족이 아니다. 말갈은 범어의 "makha"와 상통하는 북방언어로서 "크다"는 의미이며 대조영의 "대大"와도 통하고 "걸걸중상"의 "걸걸乞乞"과도 통한다. 고구려는 본시 구려(성城) 중심의 연합체였고, 그것이 당唐에 의하여 일시 해체되었다가 다시 새로운 구심점을 얻으면서 강력한 새로운 고조선영역 북방제국으로 재창조된 것이다. 고구려패러다임은 결코 당에 의하여 멸망되지 않았다. 발해 229년의 역사(698~926) 이후에도 발해부흥운동은 계속되었으니 실로 고구려패러다임은 1,400년 이상을 인류사의 현실로서 존속한 것이다. 탄하노라! 김부식이 「발해본기渤海本紀」를 쓰지 않은 것을.

발해

대조영은 위대한 창업자였다. 그의 아들 대무예大武藝(시호 武王) 또한 위대한 계승자였는데 성미가 불같았고 용맹스러웠으며 그 위세가 천하를 휘덮었다. 양귀비의 남편 당현종을 호령할 정도로, 북방의 패자로서 발해의 위치를 공고히 했다. 무왕의 아들 문왕文王 대흠무大欽茂는 치세 57년 동안 발해를 위대한 문명국으로 재탄생시켰으며 치세기간 천도를 3번이나 했다. 발해는

독립연호를 사용한 황제국이었으며, 문왕은 외교문서에 자기를 "고려국왕 대흠무는 말하노라"라고 칭하여 고구려의 국왕임을
자처했다. 여기 보이는 이 유지는 화룡시 평강벌 중부에 자리잡고 있는 발해 두 번째 수도 중경현덕부中京顯德府자리이다.
저 멀리 보이는 산 너머에 문왕의 넷째딸 정효공주의 벽화무덤이 발견됨으로써 이 서고성西古城유지는 중경으로 확정되었다.
발해인의 광활한 기상을 느껴볼 수 있는 벌판 한가운데 있으며 주변은 풍요로운 경작지였다.

한 집안이든 왕조이든 제대로 자리를 잡으려면 3대의 연속성이 필요하다. 발해는 초창기 3대의 위대한 왕들이 단단한 기업을 닦았다. 이 유지는 발해의 3번째 수도인 상경용천부上京龍泉府의 웅혼한 모습인데, 문왕이 그의 치세 14년(AD 755)에 수도를 중경현덕부에서 여기로 옮겼다. 발해에 관하여 가장 중요한 기록자료인 『발해국기渤海國記』를 남긴 장건장張建章, 806~866은 유주절도사의 종사從事로서 834년 이곳에 와서 1년을 유숙했는데, 그가 발해 용천부의 위대한 모습을 보고 발해를 "해동성국 海東盛國"이라 불렀다. 해동이란 고조선의 계승국임을 간접적으로 암시한다. 성국盛國이란 당나라에 못지않은 또 하나의 성대한 국가라는 뜻이다. 용천부는 장안을 모델로 했는데 외성, 내성, 자금성(궁성)의 규모를 지니고 있었는데 외성의 둘레만

316

해도 16km가 된다. 내가 서있는 곳은 북경자금성 앞 천안문 성루와 같은 곳으로 이해하면 족하다. 그 뒤로 어마어마한 궁궐터 (620m×720m)가 펼쳐지고 있다. 내가 서있는 곳 앞으로 주작대가朱雀大街라는 중심축의 대로가 남북으로 뻗쳐있는데 그 도폭이 110m나 된다. 동포여! 발해를 잊지 말자! 발해는 국제적으로 교역도 활발했고 일본과의 왕래가 아주 빈번했다. 고려인들이 발해를 멸망시킨 거란에 적개심만 품었지, 발해의 역사를 자국의 자산으로 기록하지 않은 것이 오늘 우리의 왜곡된 인식을 낳은 것이다. 발해는 결코 중국변방의 나라가 아니다. 고구려패러다임의 주축the Axis of Goguryeo Paradigm이다. 유득공의 탄식을 되새긴다.

발해의 유적은 너무 심하게 파괴, 방치되어 남아있는 것이 별로 없다. 발해는 당과 동시대이므로
불교문화를 전폭적으로 수용한 문명이었다. 길림성 장백현 장백진長白鎭 서북부 탑산에 있는 영
광탑靈光塔(5층전탑, 누각식공심空心방형탑)과 여기 보이는 상경석등탑만이 완정하게 남아있다.
이 탑의 스케일감이 잘 전달되기 어려운데 직접 보면 "발해인 세 사람이면 호랑이 한 마리를 족히 때
려눕힌다"라는 속담을 연상시키기에 충분하다. 북만주벌판을 환히 밝혔을 것이다. 제주도 하
루방돌과 동일한 현무암석재가 주는 거친 느낌의 6m에 달하는 이 석등은 상경용천부 황궁 앞 주
작대로의 동편에 자리잡고 있다. 기좌基座는 8각이다. 그 위에 연꽃이 엎어진 형태로 쌓아져 있고,
그 위에 원주형 탑신이 있었고, 다시 앙련화仰蓮花가 등실燈室을 떠받치고 있다. 석등으로서 아
마도 가장 거대한 것에 속할 것이다. 천년 세월의 비바람 침습 속에서도 거칠면서 정교한 자세로
의연히 우뚝 솟아있는 모습은 발해인의 기상을 있는 그대로 전해준다.

최부崔溥, 1454~1504의 『표해록漂海錄』(제주도에서 탄 배가 표류하여 명나라 남쪽 해변에 도착, 천신만고 끝에 돌아오는 여정을 수록한 특이한 기행문학)에 보면 소주蘇州의 지식인들이 최부의 명성을 듣고 찾아와 필담을 나누는 내용에, 어떻게 고구려가 수당 백만대군을 물리칠 수 있었는가, 어떻게 조선이 그렇게 강할 수 있었냐는 것을 묻는 대목이 있다. 최부는 조선에는 도처에 그런 강인함이 도사리고 있으며 그것은 조선인들의 일상적 감각에 배어있는 문화적 전승임을 자랑하고 있다. 명나라의 지식인들에게 조선조차도 고구려를 이은 강성한 나라로 비쳐지고 있는 것이다.

사실 토요토미 히데요시가 가도입명을 구실로 조선을 침입한 정황을 둘러싸고 벌어지는 국제관계의 양상은, 고구려 광개토대왕비문에 나타나고 있는 백제·왜·신라·고구려의 관계양상, 그리고 나당연합군이 고구려를 멸망시키는 국제관계양상과 매우 유사하다고 말할 수 있다. 이 조선땅에서 국제역학의 유사한 패턴들이 계속 반복되고 있는 것이다. 왜 명나라는 "조선—왜"의 싸움에 참전하지 않으면 아니되었는가? 그것이 단순히 선조 자신의 말대로 자기가 의주로 피난하여 도움을 청했기 때문이었을까? 왜 청나라는 중원을 치기전에 조선을 평정하지 않으면 아니되었는가? 20세기 일본은 왜 또다시 조선을 식민지화하고 위만주국을 건설했는가? 왜 모택동은 1949년 가까스로 버겨움게 중화인민공화국을 선포한 신생국가의 간난艱難을 무릅쓰고 불과 1년만에 100만 대군을 한국전쟁(항미원조抗美援朝)에 참전시켜야만 했는가?

이 모든 질문의 배경에는 한국 즉 조선문명이 동아시아문명의, 아니 세계사의 빼놓을 수 없는 하나의 주축the cardinal Axis이라는 엄연한 사실이 자리잡고 있다. 이 주축은 고조선—고구려의 축에서 그 원형이 잡힌 것이다. 단재

사학이 말하고자 하는 가
장 깊은 스트럭쳐의 소이
연은 바로 그 코스모스의
중심축의 원류를 정확하
게 원상 그 모습대로 파
악하자는 것이다. 우리민
족의 역사를 보면 수도
가 흘승골성(환인) → 국
내성(집안) → 평양 → 개
경 → 한성(서울)으로 내
려오면서 깔때기 모양으
로, 조선인의 세계인식구
도가 그 시공성에 있어서
점점 협애해져 갔다는 것
을 느낄 수 있다.

육군사관학교 육군박물관에 소장되어 있는 이 『부산진순절도釜山鎭殉節圖』는 우리민족이 잊을 수 없는 끔찍한 왜란 7년전쟁의 처절한 시작, 그 결사적 항쟁의 첫 순간을 예리하게 포착하고 있다. 부산진 앞에 댄 왜선의 압도적인 위용, 쌍칼, 조총, 긴창을 든 사무라이들의 공격, 성벽 위의 초라한 조선군의 방어, 누각 중앙에서 대궁을 쏘는 흑의장군黑衣將軍 정발鄭撥의 결사항전, 그 뒤 전각에 홀로 앉아 자결하는 애첩 애향愛香 … 1592년 4월 14일 아침 상황이었다. 이러한 참화는 오로지 조선왕조를 운영한 지배계층의 안일함이 불러온 민중의 비극이었다. 바른 역사관의 정립이 없으면 이러한 비극은 항상 되풀이될 수 있는 것이다.

소현세자만해도 청태종 홍타이지皇太極(청태종의 경우 "후앙皇"은 "홍"으로 읽는
다: Hong Taiji)의 동생 도르곤多爾袞과 함께 산해관을 넘었다. 그리고 대명제국
의 쓸쓸한 멸망을 두 눈으로 목도하였다. 소현세자가 청태종의 사랑을 받으며
새로운 세계에서 키운 시공감각은 놀랍게 장대한 것이다. 그러나 그가 키운
동·서를 관통하는 세류의 감각 때문에 아버지 인조에게 독살당하고 만다.

조선말기까지 숭정연호를 고집하는 노론류의 세계인식은 단재의 말을 빌리면 철저히 자아를 비아화하는 것이다. 단재는 말한다:

우리 조선은 석가가 들어오면 조선의 석가가 되지 않고 석가의 조선이 되며, 공자가 들어오면 조선의 공자가 되지 않고 공자의 조선이 되며, 주의主義가 들어와도 조선의 주의가 되지 않고 주의의 조선이 되려한다. 그리하여 도덕道德과 주의主義를 위하여 조선은 있고, 조선을 위하는 도덕과 주의는 없다. 아! 이것이 조선의 특색이냐? 특색이라면 노예의 특색이다. 나는 조선의 도덕과 조선의 주의를 위해 통곡하려 한다.

나는 동명왕릉과 광개토대왕릉을 쳐다보면서 그 현장에서 비로소 조선역사의 새로운 비전을 획득했다. 나는 조선 그 자체의 사관史觀을 보지못했고, 사관을 위한 조선만을 보아왔던 것이다. 나처럼 세계문명사의 모든 거대담론의 다양한 관점을 수용할 능력이 있는 자가, 자기 역사는 제대로 보지 못했던 것이다. 우리 민족의 저력이 어디에 있는지, 어떻게 이토록 짧은 시간내에 경제발전을 이룩하고, 학문의 축적을 이루어내고, 한류의 예술을 만들어내는지, 그 원동력의 소재를 제대로 파악하지 못했던 것이다. 나는 서라벌(경주)로부터 시작하여 한양(서울)까지 오는 역사만 보았지, 북부여에서 홀승골성—국내성—환도성—평양—개성으로 이어지는 역사를 두 눈으로 목도하지 못했던 것이다. 신라—조선—대한민국 축의 역사만 보았지, 고조선—고구려—발해—고려 축의 역사를 보지 못했다.

"동북공정"? 떠들면 떠들수록 좋다. 중국인들이 제아무리 고구려를 중화민족의 역사라고 떠들어도 중화민족 어느 누구도 고구려의 문명의 가치를 자기의 혈관과 맥박과 체온으로 느끼는 사람이 없다. 우리에게 우리 존재를 더

상세하게 더 뜨겁게 느낄 수 있게 만드는 재료를 제공해 줄 뿐이다. 정말 중국에서 중국학자들이 떠드는 고구려관련 책들을 보면 가관이다. 모두가 자기의 역사인 것이다. 함부로 왜곡의 거칠은 소리를 지껄이면 지껄일수록 우리에게 도덕적 부담은 사라진다. 우리는 더욱 더 자유롭게 외칠 수 있는 것이다. 중국에 살면서 중국의 눈치를 보아야하는 조선족 학자들의 입장, 그 입장 때문에 생겨나는 살얼음을 우리는 밟을 필요가 없다! 조선의 젊은이들이여! 역사의 대로를 활보하라! 중원의 주축이 우리의 역사였다고 크게 외쳐라!

단지 우리가 조심해야 할 것은 우리의 주장이 무형의 과거 역사자산에 관한 자유로운 담론이라는 명백한 선을 그어야 한다는 것이다. 일체 영토적·정체적政體的 담론에 관한 현실적 문제에 대해서는 중국의 입장을 존중해주는 방향으로 사유를 진행시켜야 한다는 것이다. 중국과 조선민족은 20세기를 통하여 반제국주의 투쟁에 있어서 공동의 보조를 맞추어 왔다. 항일투쟁의 동반자였으며(박근혜 대통령이 중국의 항일승전70주년기념식에 시 진핑과 나란히 참석한 것은 너무도 정당한 것이다. 박근혜 대통령은 우리나라 역대 정치지도자가 실천하지 못한 중요한 역사적 당위, 기구한 사류史流의 얽힌 보틀네크를 부서버리는 과감한 행동을 했다. 격려한다. 남북관계의 과감한 진전도 기대해본다), 현재 남한은 중국과 공동의 경제벨트를 형성하고 있다.

남·북한의 화해도 중국의 도움이 없이는 불가능하다. 남·북한의 결합이 중국의 미래에 크게 도움이 되는 방향으로 이루어지지 않는 한, 우리민족은 결코 현실적 난관들을 뛰어넘지 못할 것이다. 우리는 중국과 본질적 협력관계·동반관계·상생관계를 이룩해야 한다. 이것은 우리민족의 21세기 최대의 과제상황이다. 따라서 현재 중국의 영토내에 있는 우리 역사의 문화재를 중국이 잘 보전하고 그 가치를 발현할 수 있도록 도와줄지언정, 그것을 함부로 내것인냥 생각하는 몰상식한 사유나 행동을 버려야 한다.

내가 중국의 영도자라고 한다면, "동북공정"이라는 시대착오적인 발상을 억제시키고 보다 고차원의 연구를 하도록 격려할 것이다. 중국도 이제는 협애한 천하주의나 중원중심주의를 벗어나 전 인류문명의 성취를 다양한 시좌에서 포섭하는 새로운 학문을 해야 한다. 하여튼 이런 생각들이 장군총을 바라보고 있는 나의 머리를 스쳐지나갔다.

장군총(=동명성왕릉)에서 하마트면 내가 지나칠 뻔 했던 중요한 유적이 있다. 장군총의 뒤켠에서 오른쪽으로 나있는 호젓한 소나무길을 걸어가면 배총陪塚이라는 것이 나온다. 배총이라는 것은 주요 무덤을 옆에서 시좌하는 사람을 모신 작은 무덤이라는 뜻인데, 그 정확한 성격에 관해서는 또다른 논의를 필요로 할 것이다. 이 배총이 이곳 한군데만 있었던 것이 아니고 주변에 둘러 네다섯개가 있었던 것으로 사료되며, 또 서남쪽 200m 떨어진 곳에도 제사를 지내던 유지遺址가 발견되는데, 이러한 전모全貌를 계산하여 생각하면 장군총은 약 5헥타르나 되는 광활한 면적 위에 배총들과 함께 우뚝 서 있던 거대 성역聖域이었던 것이다. 엄청난 제사가 진행되었던 고구려의 성지였고 고구려인의 정신적 에너지의 핵이었던 것이다. 그것은 건국초기로부터 말년에 이르는 고구려의 하늘이었고, 고구려의 땅이었다.

그런데 그 배총을 바라보는 사람들은 금방 모종의 충격에 휩싸인다. 그 배총은 작지만 장군총과 같은 양식으로 화강암 돌벽돌을 쌓아올렸다. 그런데 그 기단부분을 제외하고 표면의 거대벽돌이 다 벗겨지고 그 내부에 있는

집안 동명왕릉 주변에는 이와 같은 배총이 5개나 있었다. 배총은 왕릉의 거대함을 돋보이게 하고 성역의 울타리를 만들어주는 역할을 한다. 그런데 이 배총도 동명왕릉(=장군총)과 같은 양식으로 만들어졌다는 것을 알 수 있다. 그런데 외곽의 돌계단이 감싸고 있던 내부 현실의 구조가 북방식 고인돌과 모습이 거의 같다는 것이 드러난다. ↗

고인돌이 우리 주변에 너무 많고, 또 일반인식에 별로 중요한 유물이 아닌 것처럼 취급되어 고인돌에 대한 진지한 연구가 너무도 부족하다. 그러나 고구려무덤은 고인돌에서 현실玄室(=돌방)을 갖춘 적석총으로 발전해간 것으로 보아야 한다. 그리고 고인돌의 분포지역이 고조선의 강역과 일치한다는 사실을 우리는 깨달아야 한다. 고인돌만큼 우리 고대사를 밝혀주는 다양한 언어를 담고 있는 유적은 없다. 장군총 배총의 현실덮개석의 하면에 보면 홈이 둘러 파져있는데 이것은 물이 스미는 것을 방지한 것이다. 생각이 깊다.

경기도 오산 외삼미동 고인돌

고인돌이 과연 무엇인가? 그것은 일차적으로 분묘인 동시에 성스러운 제식의 장소이며 또 콤뮤니티의 센타이기도 하며 모종의 페스티발의 장소이기도 하다. 우리나라 학자들은 우리나라 고인돌의 연대를 낮추어 잡는 경향이 있는데 고유한 성격에 따라 기원전 3·4천 년대로 올려 잡아도 그것을 부인할 근거가 없다. 우리나라 고인돌은 청동기 이전 신석기 시대로 소급되는 것이 많다. 우리나라에서 만주지역에 걸쳐 분포하는 다양한 고인돌은 우리민족의 공동체역사의 유구함을 말해주는 것이다. 스톤헨지의 거석들도 BC 3000~1500 사이의 기나긴 세월을 거쳐 형성된 것인데 그 기능과 의미는 명료하지 않다. 그래서 더욱 신비감을 발한다. 어떠한 우주론적 발상이 숨어있는지는 알 수 없으나 순결한 자연의 돌 그 자체의 미학으로만 구성된 템플(신전, 성소, 땅과 하늘 그 자체)이었을 것이다. 그것은 고인돌의 다양한 의미의 집합체였다.

영국 스톤헨지

통현리 2호 고인돌

우리나라 고인돌은 대체로 북방식과 남방식으로 나뉘는데 남방식은 돌방이 땅속으로 들어가 있고 그 위에 큰 덮개돌만 덮여있어, 넓적한 큰 바윗돌이 땅위에 있는 모양이래서 그냥 지나치기 쉽다. 북방식은 돌방이 땅위에 있어 양쪽에 받침돌이 뚜렷이 보여 탁자식이라 한다. 남방식이 북방식으로 발전된 것이라 보는 설도 있고, 그 반대라는 설도 있는데 나는 전자의 설을 택한다. 돌의 크기가 어떤 것은 200t을 넘는데, 그런 것을 지석 위에 얹어 놓으려면 엄청난 인력이 필요하다. 고인돌을 동네가족묘처럼 생각하는 것은 넌센스다. 우리땅의 고인돌 하나, 영국의 스톤헨지, 기자의 피라미드는 동일한 가치를 지니는 것이다. 고인돌은 그것을 창출한 사람들의 가치관, 우주관, 그리고 그 콤뮤니티의 하부구조의 전제가 없이 바라볼 수 없다. 흙 土, 보일 시示, 그리고 토지의 신인 사社가 모두 고인돌의 형상과 관련있다.

↑ 통현리 2호 고인돌 뒷면

경기도 연천군 학곡리 고인돌 →

사진: 연천사람 오성룡 촬영

현실玄室(=석실石室)이 그대로 노출되어 있다. 바로 그 노출된 모습이 우리에게 충격을 던져주는 것이다. 그 현실玄室의 모습이 우리가 알고 있는 북방고인돌의 모습 그대로인 것이다. 그러니까 고구려인들의 적석묘라는 것이 홀연히 나타난 고려인들의 발명품이 아니라, 그 이전부터 내려오던 고인돌의 장례풍습을 연속적으로 발전시킨 결과라는 사실, 그 역사적 연속성historical continuity을 목도할 수 있는 것이다.

지구상에 나타나는 거석문화, 그 고인돌의 3분의 2가 조선땅에 있으며, 또 조선의 고인돌의 3분의 2가 전라도지역에 밀집되어 있다. 우리가 전라도지역이나 중부지역에서 흔히 목도할 수 있는 고인돌의 규모는 엄청난 것이며, 그 석재를 잘라 운반하는데 들어가는 인력과 비용을 생각하면 고인돌을 밀집시킨 문명의 주체를 단순히 원시적 사회의 우발적·산만한 행위의 주체로서 규정할 수는 없다. 나는 이 고인돌문화야말로 고조선의 전모를 파악케하는 하나의 열쇠가 아닐까 생각한다.

고조선은 저 대흥안령에서 백두대간으로 연결되는 방대한 북방공간, 그리고 난하灤河(하북성의 강으로 산해관 안쪽에 있다)로부터 압록강에 이르는 요서·요동벌판, 그리고 고인돌이 집중되어 있는 삼한의 영역을 포섭하는 고도의 문명체계였다. 고조선의 진실은 신화적 담론을 뚫고 보면, 만주로부터 백두산에 이르는 광대한 벌판, 그리고 다시 백두대간을 타고 해남의 두륜산, 탐라의 한라산에까지 뻗치는 광대한 영역에 걸쳐 어떤 동질적 문화체가 장기간 존속했다고 하는 것을 말해주고 있는 것이다.

일연이 말하는 "석유환인昔有桓因"이라는 구문은, 본시 "석유환국昔有桓國"

의 기록을 불교식으로 윤색한 것이라는 사계의 논의는 경청할만한 진실을 드러내고 있다. 고구려의 최초의 도읍지를 지금까지도 "환인桓仁"이라 부르는 것도, 고구려의 천제신화구조가 단군신화구조와 동일한 연속선상에 있음을 증명하는 것이다. "환桓"은 우리가 일상생활에서 쓰는 "한복" "한옥" "한강"의 "한han"과 통하며, 그것은 징기스칸의 "칸khan"과 통한다.

나는 그 배총 속에 감추어진 고인돌양식이 강화도에 있는 고인돌양식과 너무도 흡사하다는 사실, 그리고 공교롭게도 마니산에서 단군을 제사지내는 전통이 그 지역에 계속 전승되고 있다는 사실을 기억해냈다. 그리고 고구려의 국내성 지역에 넘실거리는 풍요로운 생명의 강, 그 압록강의 원천인 신령스러운 백두산의 천지가 별로 멀지 않은 곳에 하늘을 찌를듯이 솟아 있다는 사실을 생각하면 단군의 신화는 이 지역의 문명의 패러다임의 어떤 디프 스트럭쳐를 간직하는 보편적 언어로 해석되어야 한다는 생각을 하게 되었다.

여태까지 한국의 지성계가 우리 민족의 고대사를 우리의 실존의 인식범주에서 생략하려고 의도적으로 노력한 배면에는 다양한 갈래의 사유체계가 엇갈려 있지만, 무엇보다도 고대사를 주장하는 사람들의 의식성향이 매우 국수주의적 성격을 띠거나 현실적 정치의식에 있어서 매우 고루한 우파적 보수성향으로 기울어져 있다는 사실과 관련이 있을 것이다. 또 고대사를 빙자한 열등한 신흥종교인들의 독단적 언어가 건강한 시민들에게 혐오감을 주었다는 세태도 책임이 있다.

그리고 고대사에 대한 강력한 주장이 북한 학자들의 주체사상적 강변과 유사한 성격을 지닌다는 이유만으로 반북적 반공주의자들의 비아냥거림의

타겟이 되는 아이러니(북한학자들의 주장과 같다, 다르다는 이야기는 하등의 학문적 근거가 되어서는 아니 된다), 그리고 또 고대사에 대한 천착이 실증사학을 운운하는 자들의 손쉬운 비판대상이 되거나, 일제관변사학의 뿌리를 계승한 소위 정통주의 사학도들의 배척대상이 되는, 아주 복잡한 위상들이 얽혀있는 것이다. 그래서 많은 사학도들이 의도적으로 고대사를 회피하여, 그 영역이 보편적이고 진보적인 토론의 논란에 오르질 못하고 있는 것이다. 고대사의 스칼라십이 마이너 학파들의 지저분한 논쟁의 울타리에 갇혀있다고도 말할 수 있는 것이다. 이것은 진실로 불행한 사태이다.

국수주의적 사유를 전면에 내세우는 졸렬한 종교인들의 교조주의 언어 속에 고대사가 파묻혀 있을 수는 없다. 이제 우리는 이러한 오류와 편견, 그리고 이념의 속박을 떨치고, 보편학문의 영역에서 보다 자유로운 토론을 전개할 필요가 있다. 그리고 특히 젊은이들로 하여금 종교성향(알고 보면 다 사교邪敎다)에 오염되지 않으면서 고대사의 품덕과 기개와 기질을 체득하도록 바른 교육을 해야할 것이다. 국사國史는 국혼國魂이요, 국혼은 세계사의 중심으로서의 나의 비전의 고양을 정립하는 것이다.

— 고구려기행은 제3권으로 계속됩니다 —

칼레드 알 아사드, 1934~2015는 팔미라 지역에서 태어나 평생을 팔미라연구에 헌신한 대학자이다. 나는 팔미라를 갔을 때, 아사드 면회를 하려 했지만 여의치 못했다. 대신 그의 책 두 권을 샀다. 그는 위기를 감지하고 옮길 수 있는 주요유적을 옮겼는데 IS는 그 행방을 요구했다. 그는 거절했다. 그는 목이 잘린 채 시신이 팔미라의 폐허에 걸렸다. 그는 얼마든지 팔미라를 떠날 수 있었다. 그러나 그는 팔미라와 함께 죽기를 자원했던 것이다.

Khaled Al As'ad

Michał Gawlikowski

THE INSCRIPTIONS IN THE MUSEUM OF PALMYRA

a catalogue

PALMYRA
HISTORY . MONUMENTS & MUSEUM

by
Dr. ADNAN BOUNNI   KHALED AL-AS'AD
FOURTH EDITION
DAMASCUS 2000

泣送巴爾米拉

오~ 팔미라! 울며 그대를 보내노라!

내가 이 책을 편집하고 있는 어느날 너무도 슬픈 소식이 들려왔다. 아이에스Islamic State가 중동지역의 인류문화유산으로서는 아마도 가장 눈부시게 아름답다고 할 황금모래빛깔의 팔미라를 폭파시켰다는 것이다(2015년 8월 25일). 나는 그날 밤 땅을 치며 비탄 속에 잠을 이룰 수 없었다. 아! 그토록 찬란했던, 제노비아 여황女皇Empress Zenobia의 살아 있는 몸결보다 더 섬세한 돌기둥들의 잔상, 그 어지러운 흙황 속에서 나는 인간의 우비愚鄙를 통곡할 수밖에 없었다. 정치적·이념적 목적 때문에 인류문화의 유산을 폭파한다는 것, 주목과 공포와 혐오를 끌어내기 위한 방편으로 사유화될 수 없는 인류공동의 자산을 파괴한다는 것은 인간이 행할 수 있는 비열의 극치라 할 것이나 아이에스는 우리의 그런 느낌을 환영하고 있는 것이다.

팔미라는 유프라테스강The Euphrates을 동으로 하고 오론테스강The Orontes River을 서로 하는 시리아의 광막한 사막 위에 고독하게 빛나는 오아시스도시다. 동서를 맺어주는 실크로드나, 지중해, 메소포타미아, 아라비아로 통하는 여타행로의 주요기착지였던 타드모아Tadmor(셈족 언어 이름)는 베두인친절Bedouin hospitality의 상징! 모든 사람이 차를 마시며 쉬어가는 곳! 기원전 2천 년경부터 문화가 발달하여 앗시리아, 페르시아의 거점이 되었고, 알렉산더대왕원정 이후 셀레우코스왕조에 편입되었다. 그후 로마제국과 파르티아의 대립 속에서 독자적인 세력으로 성장한다. 로마황제 하드리아누스는 AD 130년 이곳을 방문하여 자유시임을 선포한다. 그러나 팔미라는 로마와 대적하던 사산왕조를 쳐부수고 결국 로마와 힘을 겨루게 된다. 오다이나트왕의 아름다운 둘째부인 제노비아는 로마제국으로부터의 독립을 선포하고 클레오파트라의 후손으로서의 자신의 이미지를 구축하며 스스로 아우구스투스Augustus(황제: 정확한 타이틀은 "Augusta," 모황제母皇帝)가 된다. 결국 팔미라는 제노비아와 함께 최번영시기를 누렸고, 제노비아의 몰락과 더불어 스러져갔다(패배한 제노비아는 AD 272년, 로마로 호송되었다. 치욕을 피하기 위하여 곡기를 끊고 타계했다).

사라지는 역사는 팔미라뿐만 아니다. 우리민족의 고대사도 우리의 의식 속에서 똑같이 파괴되고 괴멸되고 있다. 팔미라를 읍송泣送하면서 나는 동포들에게 우리역사를 읍송치 아니 하기를 호소한다. 본 페이지 사진은 팔미라를 파괴하는 모습, 그리고 같이 처형된 위대한 팔미라박물관의 석학 칼레드 알 아사드Khaled Al As'ad. 다음 쪽부터 나오는 사진들은 2008년 4월, 내가 중앙일보기자로 있을 때 중동지역 전체를 답사하면서 찍은 것이다. 나의 여행을 가능케 해준 『중앙선데이』 오병상 국장, 중앙일보의 동료들에게 감사한다.

팔미라는 로마제국시대에 번영을 누렸고 또 로마제국에 의해 파괴되었다. 제노비아의 군대는 AD 271년 안티옥과 에메사Emesa에서 패배당한다. 그 뒤 AD 273년, 팔미라 인민의 독립항쟁이 일어나, 로마군 사수대 600명을 죽인다. 그러나 아우렐리안Aurelian황제의 군대는 팔미라를 초토화시켰다. 그때 팔미라는 가장 많이 부서졌다. 중앙대로Middle Colonnade Street의 모습이다. 양옆에 돌기둥이 서있다. 나의 걷는 모습이 오늘의 비극을 감지하고 있는 듯하다.

내가 낙타를 타고 지나가려는 카르도 막시무스cardo maximus(중앙대로)가 보인다. 그 앞에 보이는 4각을 형성하는 4개의 작은 신전 모양의 건조물은 테트라필론tetraphylon이라 하는 것인데 큰길이 교차하는 사거리지점에 꼭 만드는 로마식 토목공법의 산물이다. 그 사이로 사람과 마차가 오갔다. 이것은 가장 잘 보존된 고도시 테트라필론 중의 하나이다(1963년 재건). 핑크색 기둥 원석은 나일강 상류 아스완지역에서 운반되어 온 것이다. 심히 아름답다.

중앙대로를 지나 신전 영역으로 들어가는 길목에 있는 기념아치The Monumental Arch이다. 이 아치는 AD 3세기 초 셉티무스 세베루스Septimus Severus황제에 의하여 세워졌다. 세베루스는 시리아혈통의 황제로서 팔미라를 좋게 생각했다. 그의 아들 카라칼라Caracalla에 의해 팔미라사람들은 로마시민과 동일한 자격을 얻게 된다(식민지이지만 세금면제).

이 아치 양옆으로 작은 아치가 또 있는데 그것은 대로의 방향을 조정하기 위한 것이다. 이 아치에서 신전가는 길이 꺾이기 때문이다. 이 아치는 도토리, 야자수, 아칸서스 등의 문양으로 화려하게 장식되었다.

도올의 중국일기_2

이것이 대신전인 탬플 어브 벨The Temple of Bel의 전체모습이다. 신전은 거대한 내정
courtyard(210m×205m) 안에 자리잡고 있다. 정원 전체가 돌기둥으로 둘러쳐져 있었다. 신
전은 보통 영어로 "셀라cella" 라고 하는데 신의 거소이며 성직자만 들어갈 수 있었다. 벨
Bel은 희랍의 제우스Zeus, 로마의 쥬피터Jupiter와 상응하는 당지의 토착신이며 바빌로니
아 발음으로 "바알Ba'al" 이 된다. 그 뜻은 "주인master, lord" 이라는 의미인데, 결국 "땅의
주인the Lord of the Earth" 이라는 뜻이다. 당지 말로는 "볼Bol" 이었는데 바빌론의 "벨마르
둑Bel-Marduk" 숭배의 영향 하에 "벨Bel" 로 되었다고 한다. 매년 4월 7일부터 7일동안 바알
신 대제가 열렸는데 이 공간은 예배자들과 희생동물로 빈틈없이 꽉 차 있었다. 이 사진은
신전의 서쪽을 보여주고 있다. 신전은 서쪽으로만 문이 나왔다.

이 사진은 바알신전 전체를 내정courtyard, *temenos* 서남코너 밖에서 찍은 것이다. 거대한 돌기둥 위에는 아칸서스 문양의 코린트양식의 캐피탈이 있고 그것은 또다시 빔beam으로 연결되어 있다. 돌기둥 중간에 구멍이 나있는데 그곳에 받침대가 있었다. 그 받침대 위로 석상이 있었는데 그 석상은 사라졌지만 이 기둥들 만드는 데 돈을 증여한 사람의 형상이 있었다. 요즈음 기와불사나 비슷한 발상이다. 아라비아의 로렌스Lawrence of Arabia는 1910년대 초반에 이곳에 와서 상세한 연구를 했다. 그리고 통일된 건강한 아랍국가를 꿈꾸었다. 로렌스가 IS의 실태를 보면 뭐라 말할 것인가?

↑신전 서북쪽에서 바라본 내정courtyard의 모습. 돌기둥 밖으로 막힌 벽이 다시 이중으로 둘러쳐져 있었던 모습이었다. 파괴된 야자수 모양의 돌기둥 잔해가 참으로 정교하다. 돌기둥 중앙을 파서 연결한 것도 놀랍다.

→천정 대들보beam에 해당되는 석재에 다양한 그림이 조각되어 있다. 신들에게 제사지내는 과일들의 모습이 우리나라 제사상과 비슷한데, 흠향하고 있는 신은 태양신이다. 신들이 대체로 군장軍裝을 하고 있다.

팔미라의 예술은 지역적 로마예술의 특징이 희랍과 페르시아와 파르티아의 예술이 종합된 전통과 결합된 것이다. 팔미라의 예술은 삶의 사실주의를 기본으로 한 것인데 점점 형식화되었고, 그것은 결국 비잔틴예술의 기초를 놓았다.

↑ 팔미라 사람들이 숭배하는 다양한 신들의 모습이 대들보에 새겨져 있었다(아그리볼Aglibol, 야리볼Yarhibol, 아스타르테Astarte).

↓ 바알신전 입구에 남아있는 파괴된 돌조각에 새겨진 그림이 아주 재미있다. 바알신상을 낙타 위에 모시고 축제퍼레이드를 하고 있는데 그 뒤를 팔미라 여인들이 뒤쫓고 있다. 신상을 받들고 행진하는 풍습은 에집트인들이 창시하고 그리스인들이 받아들였다고 헤로도토스는 『히스토리아이』에 쓰고 있다. 제일 앞의 여인은 오른손을 낙타 위에 얹고 있다. 여인들이 사막기후에 맞는 복장을 하고 있다. 느깝 같은 복장이 아랍문화 이전에 존재했음을 알 수 있다.

내가 드디어 서쪽으로 나있는 신전의 유일한 문으로 들어가고 있다. 그런데 이 신전의 문은 원래 이중으로 된 돌기둥에 연결된 부분이었다. 삽입된 사진은 원래의 모습을 복원시켜놓고 있다. 이 신전은 AD 32년에 봉헌되었는데 2세기 중엽까지 계속 보완되었다. AD 273년에 아우렐리안 로마황제에 의하여 파괴되었고, AD 2015년 8월 30일 IS에 의하여 모래화되고 말았다. 복원도는 브라우닝Iain Browning의 『팔미라』에서 왔다.

서쪽문으로 들어와서 신전의 남쪽을 향해서 찍은 것이다. 성소는 남쪽과 북쪽으로 문짝이 있는 밀실, "탈라모스thalamos"(영어로는 아디툼adytum)에 자리잡고 있는데 재미있는 것은 남쪽의 탈라모스는 계단이 앞에 있어 사람이 드나들게 되어있는데 북쪽 탈라모스는 계단이 없고, 사람이 특수한 별도의 장치가 없으면 들어갈 수 없게 되어있다. 북쪽 아디툼이야말로 구약에서 말하는 솔로몬성전의 "the holy of holies," 즉 지성소이다. 그 모습이 다음 페이지에 나온다.

아~ 이 위대한 신전이 사라졌다니!

347
팔미라

돈황의 중국일기 2

← 성전 북쪽의 지성소 모습과 그 천정의 부조. 원 밖의 모습은 사각(코퍼coffer 문양)과 원형(로우제이스rosace 문양)의 기하학적 패턴인데 후대의 비잔틴・아랍예술의 선구이다. 그 안의 중심에 바알신(쥬피터)이 있고 주변에 6신의 흉상이 있는데 이 7신은 행성을 상징한다. 그리고 그 주변 테두리에 12개의 황도심볼(서양사람들 "띠" 개념)이 그려져 있다.

↑ 남쪽 탈라모스(성소)의 천정의 문양. 고구려의 연꽃문양과 같은 계열의 문양이다. 고구려의 연꽃문양을 반드시 불교의 영향으로만 볼 수 없다는 결론에 도달할 수도 있다. 남쪽 탈라모스 천정은 신의 형상이 없이 정교한 기하학 문양으로만 장식된 것이 그 특징이다. 이 문양은 후대 유럽의 수많은 저명한 건축에서 발견될 수 있는 천정양식의 아키타입이다.

← 파인애플과 대추야자(팔미라 지명의 유래)가 신에게 바쳐지고 있는데 가운데 니케 모양의 신이 있는데 이것은 니케 여신이 아니라 바알을 상징적으로 표현한 것이다. 한쪽 날개를 하늘을 향해 펴고있고 다른 한쪽 날개는 땅을 향해 내리고 있다. 하늘과 땅을 연결하고 있는 것이다.

도올의 중국일기_2

저 서산 너머 지는 해와 더불어 팔미라가 사라지고 있다. 그러나 팔미라는 내일 아침
이면 또다시 붉게 타오를 것이다. 아이에스의 죄악을 그들만의 죄악이라고 말해서는
아니 된다. 미국의 부시 부자 정권의 패권주의가 인위적인 권력공백을 만들었고
그것은 점점 열악한 권력의 난무로 탈바꿈되고 있는 것이다. 미국의 패권주의를
키워온 우리 자신에게도 그 책임을 묻지 않으면 안된다.

도올의 중국일기 제2권 － 고구려패러다임
Doh-ol's Diary in China

2015년 10월 10일 초판 발행
2015년 12월 30일 1판 3쇄

지은이   도올 김용옥
펴낸이   남호섭
편집책임   김인혜
편집·사진   임진권
편집·제작   오성룡, 신수기
표지디자인   박현택
인쇄판출력   발해
라미네이팅   금성L&S
인쇄   봉덕인쇄
제책   제일문화사
펴낸곳   통나무

주소: 서울시 종로구 동숭동 199-27
전화: (02) 744-7992
팩스: (02) 762-8520
출판등록 1989. 11. 3. 제1-970호
값 19,000원

ISBN 978-89-8264-452-8 (04910)
ISBN 978-89-8264-450-4 (세 트)